HANNO BURMESTER
CLEMENS HOLTMANN

Liebeserklärung an eine Partei, die es nicht gibt

HANNO BURMESTER
CLEMENS HOLTMANN

LIEBES-ERKLÄRUNG AN EINE PARTEI, DIE ES NICHT GIBT

Warum wir Politik radikal neu denken müssen

QUADRIGA

Dieser Titel ist auch als E-Book erschienen.

Originalausgabe
Copyright © 2021 by Bastei Lübbe AG, Köln

Textredaktion: Ulrike Strerath-Bolz
Illustrationen: Catharina Burmester
Umschlaggestaltung: ZERO Werbeagentur, München
unter Verwendung von Illustrationen von
© shutterstock.com: Olha Burlii;
© DEEPOL by plainpicture/Frank Muckenheim
Satz: hanseatenSatz-bremen, Bremen
Gesetzt aus der Arno Pro
Druck und Einband: GGP Media GmbH, Pößneck

Printed in Germany
ISBN 978-3-86995-107-2

5   4   3   2   1

Sie finden uns im Internet unter quadriga-verlag.de
Bitte beachten Sie auch: lesejury.de

Einleitung

Transformative Parteien

Der Schrei nach Politik

Unsere Zeit schreit nach Politik. Ob Klimakrise oder das absurde Ausmaß globaler und nationaler Ungleichheit: Vor diesen existenziellen Herausforderungen stehen wir, weil politische Entscheider:innen und Institutionen sich ihrer Kernaufgabe verweigern. Seit Jahrzehnten ist die Politik viel zu häufig Sachwalterin kurzfristiger, meist einseitiger ökonomischer Interessen. Sie schützt die Interessen der wenigen zum Schaden der vielen. Diese Art von Politik verweist routiniert auf angebliche Sachzwänge und Alternativlosigkeiten und hat sich eingeruckelt als Lobbyistin eines Status quo, der eigentlich keiner sein dürfte.

Dabei ruft alles nach etwas ganz anderem. Nämlich nach einer Politik, die grundsätzlich darüber streitet, welche neuen Spielregeln wir brauchen, um der Menschheit und anderen Spezies langfristig ein gutes Leben zu ermöglichen. Politik, die bereit ist, auf die durch uns veränderten ökologischen Rahmenbedingungen mit einem grundlegenden Wandel der weltweiten ökonomischen, sozialen und politischen Rahmenbedingungen zu reagieren. Politik, die gestaltet, was gestaltet gehört.

Kann sie gar nicht? Doch, kann sie. Die Finanzkrise in den Jahren ab 2008 und die Coronakrise haben gezeigt: Wenn Politik will, kann sie schnell Grundlegendes entscheiden. Und sei es nur, Hunderte Milliarden für den Erhalt des Status quo auszugeben. Wo es vorher unmöglich war, sich auf nennenswerte Investitionen für ökologische und soziale Verbesserungen und dazu passende Strukturreformen zu einigen, wurden in Krisenzeiten plötzlich Billionen Euro lockergemacht, um den Status quo zu stützen. Entscheidungen, die im Normalmodus undenkbar gewesen wären, wurden quasi über Nacht gefällt.

In beiden Krisen schien es, als sei die Politik wachgerüttelt worden. Für kurze Zeit war nichts zu hören von ihrer angeblichen Machtlosigkeit, von angeblichen und tatsächlichen Sachzwängen. Stattdessen erlebten wir hellwache politische Entscheidungsträger:innen, die von jetzt auf gleich im Hyper-Gestaltungsmodus unterwegs waren. Und das in ebendem Handlungsrahmen, der ansonsten immer als Grund angeführt wird, warum echte, wirkmächtige Politik angeblich unmöglich sei.

Wo sind die politischen Kräfte für die Transformation?

Wenn ein kollabierendes Spekulationssystem und eine Pandemie solche Musterbrüche möglich machen – wieso geschieht das nicht in Reaktion auf die ökologischen und sozialen Krisen unserer Zeit? Wieso ist die Armut und Perspektivlosigkeit von Hunderten Millionen Menschen, nur ein paar Flugstunden entfernt, kein Anlass zu solch entschlossenem Handeln? Und das durch uns verursachte Massensterben anderer Lebewesen, der enthemmte Verbrauch von Luft, Wasser und Boden und die nicht umkehrbare Veränderung des Klimas – wieso hat all das nicht schon längst vergleichbare Panikbeschlüsse ermöglicht?

Die Antwort ist einfach: Weil es an politischen Kräften fehlt, die es als ihre Aufgabe sehen, sich für einen radikalen und grundsätzlichen Wandel einzusetzen. Weil den etablierten Kräften der Wille und der Mut fehlen, die Wurzel der Probleme unserer Zeit zu benennen und anzupacken. Weil an entscheidender Stelle die politischen Akteur:innen mit transformativen Ideen fehlen; Ideen, die einen echten Beitrag für eine lebenswerte Zukunft leisten könnten. Und es mangelt an Persönlichkeiten, die als Gesicht für die Forderung nach fundamentalem Wandel dienen können und wollen. Es fehlen, kurz gesagt, die Organisationen, Ideen und Köpfe, die wir für echte Veränderung brauchen.

Nun kann man einwenden: »Aber es gibt doch Bewegungen wie Fridays for Future und Extinction Rebellion. Die wollen doch genau das.« Ja klar, die gibt es. Und sie setzen wertvolle Impulse. Mit ihren Protesten treiben sie die Debatte an und zwingen die politisch Mächtigen, sich zu positionieren. Aber genau das ist auch das Problem. Gerade weil Bewegungen sich als Gegengewicht zur Macht verstehen, fällt es ihnen so schwer, selbst nach der Macht zu greifen. Sie sind also auf den guten Willen, die Einsicht oder das Nachgeben derjenigen angewiesen, gegen die sie auf die Straße gehen. Ohne solide Verankerung und Machtbasis in politischen Institutionen fehlt ihnen die politische Firepower, um selber etwas zu verändern. Ohne klare Führungsstrukturen und ohne Agenda über ihr Fokusthema hinaus schaffen sie es nicht, eine kritische Masse zu mobilisieren, um Parteien zum Umlenken zu zwingen. Mit ihren Forderungen stoßen Bewegungen immer und immer wieder an eine gläserne Decke, die sie nicht durchbrechen können. Und selbst wenn sie einmal einen kleinen Sieg erringen, verändern sie nicht die Machtverhältnisse und grundlegenden Logiken der Politik.

Bewegungen geben also wertvolle Impulse und eröffnen Raum für neue politische Forderungen. Aber da endet in den meisten Fällen ihr Einfluss. Wir glauben deshalb, dass es zusätzlich etwas anderes braucht. Nämlich politische Parteien, die eine grundsätzliche Veränderungsagenda haben – und diese Agenda auch mittel- und langfristig im politischen Raum repräsentieren und durchsetzen. Parteien, die sich als Wegbereiterinnen einer Zukunft verstehen, die nicht nur für die jetzt lebenden Generationen innerhalb der deutschen Grenzen lebensfähig ist. Parteien, die nicht die Augen verschließen vor der von uns in den letzten Jahrzehnten geschaffenen Realität – sondern die Verantwortung akzeptieren, die mit dieser Realität einhergeht, und grundsätzlich umlenken. Und, vielleicht am wichtigsten: Parteien, die von der Bevölkerung den politischen Auftrag erhalten, grundlegende Veränderungen zu beschließen und umzusetzen.

Diesen Auftrag können Bewegungen nicht bekommen. Einfach weil sie Bewegungen sind und keine Parteien. Sie stehen nicht zur Wahl, können also nicht in Parlamente einziehen, können keine Gesetze verabschieden und keine Verordnungen erlassen. Für all das braucht es Parteien. Deshalb müssen wir, wenn wir über grundlegende Veränderungen sprechen, über politische Parteien sprechen. Ohne sie geht es in einer parlamentarischen Demokratie nicht.

Transformative Politik braucht neue Parteien

Mit ihnen zurzeit aber auch nicht. Und damit wären wir auch schon beim Thema dieses Buches. Wir glauben nämlich, dass Parteien, wie wir sie heute kennen, nicht in der Lage sind, Grundlegendes zu verändern. Warum? Weil sie befallen sind vom Inkrementalismus. Sie verstehen Politik als Kunst der Trippelschritte, als scheibchenweise Veränderung innerhalb der bestehenden Rahmenbedingungen. Den Rahmen selbst – den stellen sie hingegen nicht infrage. Das kommt auch daher, dass sie sich vor allem mit sich selbst beschäftigen, nicht mit unserer Zukunft. Sie organisieren vor allem das Gespräch Gleichdenkender statt echten gesellschaftlichen Dialog. Sie führen nicht, sie inspirieren nicht, sie begeistern nicht. Ihr Modus des Miteinanders macht echte, kreative Zusammenarbeit und das Entwickeln neuer Ideen fast unmöglich. Vor allem, weil ihre Organisationen für ein vergangenes Zeitalter gebaut sind.

Das ist unsere Erfahrung und Ausgangsthese: Das Selbst- und Politikverständnis sowie die Führungs-, Organisations-, Gesprächs- und Entscheidungsstrukturen klassischer Parteien machen es ihnen unmöglich, die Ideen, Persönlichkeiten und Entscheidungen hervorzubringen, die unsere Gesellschaft dringend braucht. Die Art und Weise, wie Parteien funktionieren, hält diejenigen, die sich dort engagieren, unter Potenzial. Das Ganze ist nicht mehr als die Summe seiner Teile, sondern weniger. Das mag hart klingen. Und es tut uns auch weh, das so zu schreiben. Schließlich haben wir in den letzten Jahren viele engagierte, tolle Parteiaktive kennengelernt, die für ihre Arbeit nichts als Zuspruch verdienen. Ihre Arbeit wollen wir nicht abwerten. Gleichzeitig sind wir davon überzeugt, dass diese Menschen nicht die Organisationen haben, die sie – und die Herausforderungen unserer Zeit – verdienen.

Trotzdem glauben wir an das Gestaltungspotenzial politischer Parteien. Ihre Kernidee ist weiterhin zeitgemäß: ein wirkmächtiger Zusammenschluss von Menschen, die eine gemeinsame Veränderungsidee verfolgen und politisch durchsetzen. Eine Organisation, die als Scharnier zwischen Zivilgesellschaft und Staat funktioniert und gesellschaftliche Bedürfnisse in politische Veränderung übersetzt. All das brauchen wir, vielleicht mehr denn je. Aber es braucht eine Interpretation dieser Idee, die zu unserer Zeit passt. Im Wissen um die großen Themen unserer Zeit müssen Parteien aus unserer Sicht dringend neue Visionen mit der und für die Gesellschaft entwickeln. Sie müssen Ideen für grundlegende Reformen ausarbeiten, auf den Weg bringen und die Strukturen, Institutionen und Prozesse unserer Gesellschaft verändern. Sie müssen erklären, Orientierung und Halt bieten, aber auch führen und mit Mut vorangehen.

Bei aller Kritik am beklagenswerten politischen Status quo: Wir haben bislang keine tragfähige Idee kennengelernt, die politische Parteien langfristig ersetzen könnte. Deshalb halten wir es für umso wichtiger, eine zeitgemäße Partei zu bauen, die das politische und organisatorische Zeug dazu hat, sich der Herausforderungen unserer Zeit grundsätzlich anzunehmen. Wie das gehen kann – das beschreibt dieses Buch. Wir skizzieren eine Partei, die es (noch) nicht gibt. Eine neue politische Kraft, die die Herausforderungen an den Wurzeln packt und sich beherzt den gigantischen ökologischen und gesellschaftlichen Problemen stellt. Eine Partei, die im Inneren das vorlebt, was sie im Außen befördern möchte. Mit hartnäckigem Fokus auf gesellschaftliche Wirksamkeit und grundsätzliche Veränderungen. Mit Mut, permanent Neues zu lernen, offen zuzuhören und gleichzeitig im Kern eindeutig verortet zu sein. Mit Kultur und Struktur, die Zusammenarbeit befördern statt Wettbewerb. Virtuell und analog. Aktiv und hochgradig dezentral. Eine Partei, die tief idealistisch ist und gleichzeitig die Realität akzeptiert, die sie verändern möchte.

Die folgenden Kapitel sollen vor allem an eins erinnern: Wir sind keine Geiseln des Status quo. Wir sind nicht bereit, die Idee von Politik zu verwerfen, nur weil Politik aktuell so massiv unter Potenzial fährt. Wir sind nicht bereit, Parteien auf den Müllhaufen der Geschichte zu verweisen, nur weil die klassische Parteienlandschaft versäumt hat, mit der Zeit zu gehen. Dieses Buch soll also Mut machen. Eine andere Politik ist möglich, und eine andere Gesellschaft ist es auch. Aber dazu müssen wir bereit sein, daran zu glauben, dass der Status quo nicht in Stein gemeißelt ist, sondern grundlegend veränderbar.

Dass wir Parteien als Ausgangspunkt genommen haben, hat einen einfachen Grund. Wir halten Parteien für einen ungeheuer machtvollen, wirksamen Hebel, wenn es darum geht, die Wirklichkeit zu verändern. Sie haben nicht nur die Möglichkeit, Mehrheiten zu gewinnen und ihre Vorstellung von Gesellschaft in konkrete Veränderungsschritte zu übersetzen. Parteien haben auch, ganz unabhängig von einer Regierungsbeteiligung, das Potenzial, der Gesellschaft ihre möglichen Zukünfte aufzuzeigen. Sie können begeistern, inspirieren, ermutigen; das gesellschaftliche Bewusstsein verändern und damit auch die Art und Weise, wie die Gesellschaft auf sich, die Gegenwart und ihre mögliche Zukunft schaut. All das braucht es, und zwar dringend, wenn wir als Gesellschaft umsteuern wollen.

Von alldem sind wir aktuell ziemlich weit entfernt. Und es ist auch klar, dass Parteien auch im besten Fall nicht die Lösung aller Probleme sind. Sie sind nur einer von vielen Faktoren, die es braucht, um diese Gesellschaft zum Besseren zu verändern. Aber: Wenn wir auf Parteien ganz verzichten und weiterhin darauf setzen, dass positiver gesellschaftlicher Wandel irgendwie anders entstehen wird – dann werden nur diejenigen gewinnen, die den Status quo erhalten wollen, oder aber diejenigen, die die Demokratie systematisch destabilisieren.

Dieses Plädoyer für die Idee der politischen Partei bedeutet auch: Wir glauben an die Macht des Politischen. Wir halten es für eine der Krankheiten unserer Zeit, dass immer mehr Bürger:innen Politik pauschal das Potenzial absprechen, die Welt zum grundlegend Besseren zu verändern. Dass sie das, was Politik heute ist, mit dem Politischen selbst verwechseln. Bei vielen entsteht dadurch Apathie – eine Haltung, die den »Weiter so«-Autopiloten der klassischen Parteien überhaupt erst möglich macht. Bei anderen entstehen Frust und Aggression. Das endet dann mit der Wahl illiberaler Rechtsnationalist:innen, die die demokratische Abwärtsspirale immer weiter beschleunigen. Beides ist fatal. Wir müssen an Politik glauben – und aus diesem Glauben heraus massiven Veränderungsdruck aufbauen, damit sich etwas zum Besseren bewegen kann.

Wer wir sind

Aber … Verzeihung! Jetzt sind wir schon voll im Thema, ohne uns vorgestellt zu haben. Dabei willst du vermutlich erst einmal wissen, wer wir sind. Und warum wir etwas zu diesem Thema zu sagen haben.

Seit unserem allerersten Kennenlernen – 2018 war das – tauschen wir uns über politische Parteien aus, und das seitdem bei jeder unserer Begegnungen. Das ist zugegebenermaßen etwas nerdy. Schließlich interessiert sich der Löwenanteil unserer Mitbürger:innen entweder gar nicht für Parteien – oder nur insofern, als dass Parteien als nützlicher Sündenbock herhalten müssen für den Zustand unseres Landes. Nur den schlechten Zustand, versteht sich. Für gute Zustände braucht man ja keine Sündenböcke. In Zahlen ausgedrückt: 1,8 Prozent der Deutschen waren 2017 Mitglied einer Partei. Etwas über eine Million Menschen. Nicht wenig, aber eben auch nicht so richtig viel, wenn wir an die sonstigen rund 82 Millionen Einwohner:innen dieses Landes denken.

Im Unterschied zu diesen eine Million Parteimitgliedern interessieren wir beide uns nicht in erster Linie für eine Ideologie, ein Politikfeld oder Spitzenpersönlichkeiten, wenn wir über Parteien sprechen. Uns interessiert das an politischen Parteien, was sie heute *nicht* oder ungenügend leisten. Ihr Potenzial, dieses Land grundlegend und in eine richtige Richtung zu entwickeln. Ihr Potenzial, dieser Gesellschaft den Glauben an die positive Gestaltbarkeit unserer Welt wiederzugeben. Ihre Fähigkeit, die Perspektive derjenigen einzunehmen, für die sie Politik machen wollen – und mit ebendiesen Menschen Ideen zu entwickeln, um Welt und Lebenswelt zu verbessern.

Wir interessieren uns also gar nicht so sehr für politische Parteien, wie sie heute sind. Sondern für das, was sie sein könnten. Parteien radikal neu zu denken, halten wir für den wichtigsten Hebel, um dieses ungehobene Potenzial freizulegen. Das ist das, was uns interessiert. Und obwohl unsere Geschichten und die Erfahrungen, die wir in den letzten Jahren gemacht haben, sehr unterschiedlich sind, haben sie uns beide zu diesem Buch geführt.

Clemens hat vor einigen Jahren eine neue Partei mitgegründet. Demokratie in Bewegung (DiB) war das. Eine Zeitung hat diese Partei mal »die ehrgeizigste Partei seit den Piraten genannt«. Gestorben ist sie dann trotzdem, wie die Piraten auch. Aber Clemens hat in den vielen Stunden, die er für DiB gearbeitet hat, eine Menge über politische Parteien gelernt. Einige dieser Erkenntnisse teilt er in diesem Buch, hier und da verbunden mit Geschichten aus den Jahren der Neugründung. Aber Clemens' Geschichte beginnt noch vor der Erfahrung bei DiB. Sie beginnt mit Begegnungen mit Menschen, die auf der Suche nach Sicherheit und Zukunft ihre Heimat verlassen mussten.

In Erstaufnahmeeinrichtungen in Berlin, aber auch auf Reisen treffe ich, Clemens, Menschen, deren Hab und Gut meist in einen Rucksack passt. Ich erinnere mich an einen alten Mann in meinem Sprachkurs, der Syrien verlassen musste und von dem jetzt erwartet wird, dass er Deutsch lernt und sich eingliedert, obwohl klar ist, dass er an nichts außer an den Krieg in seinem Land und die Dagebliebenen denken kann. Oder an einen Jungen aus Mali, den ich am Rande der Westsahara kennenlernte, verloren, ausgeraubt, ohne Geld und ohne Papiere. Solche Geschichten bewegen mich tief. Dazu die Berichte über die Zehntausende Menschen, die beim Versuch, nach Europa zu gelangen, ertrinken, verdursten, vergewaltigt und ausgeraubt werden und deren Menschenrechte von den europäischen Staaten mit Füßen getreten werden. Ich fühle mich wütend und hilflos. Und ich beschließe, aktiv zu werden. Ehrenamtliches Engagement in der Flüchtlingshilfe reicht mir nicht mehr. Ich will die Ursachen ändern.

Nach kurzem Abwägen – Zivilgesellschaft oder Parteien – entscheide ich mich für Parteien. Sie scheinen mir der Schlüssel zur Veränderung. All die Macht und all das Geld, das Regierungen und Parlamente mobilisieren können ... Wie viel Gutes wir tun könnten. Wie viele Menschenleben wir retten, wie viel Leid wir ersparen könnten, wenn Politik, ergo Parteien, nur etwas mutiger wären. Mir gefallen die Grundwerte der SPD – Freiheit, Gleichheit, Solidarität –, und ich beginne, für einen Bundestagsabgeordneten der Sozialdemokraten zu arbeiten. Vielleicht, so denke ich, kann ich hier einen kleinen Teil dazu beitragen, die Welt zu einem besseren Ort zu machen.

Bald merke ich, dass das ein Irrglaube war. Viele der über siebenhundert Bundestagsabgeordneten, so scheint es mir, geben ihr Gewissen und ihre Haltung an der Garderobe ab. Aber auch die, die wirklich etwas verändern möchten, sind in den Logiken und Zwängen ihrer jeweiligen Partei gefangen. Ich begreife langsam, dass es diese internen Logiken und Zwänge sind, die verhindern, dass Parteien ihre Gestaltungsmacht wirklich nutzen. Und so bin ich begeistert, als ich Demokratie in Bewegung mitgründen kann – eine neue Partei, die ein »Neuanfang für Demokratie und Gerechtigkeit« sein will und die versucht, Parteien auch strukturell und kulturell neu zu denken.

Wir versuchen viel – Teilnahme an der Bundestagswahl 2017, neue Entscheidungswege und Organisationsformen, Bündnisse, Teilnahme an der Europawahl 2019 – und scheitern grandios. Zu viele Fehler in Konzeption und Ausführung. Demokratie in Bewegung bleibt klein und unbedeutend, und ich und die anderen Gründungsmitglieder verlassen die Partei. Für ein Jahr arbeite ich in der Zivilgesellschaft, habe genug von Parteien. Und doch lassen sie mich nicht los. So viel Gestaltungsmacht, so viele Möglichkeiten, Gutes zu tun – in der Theorie. Und so viel Mutlosigkeit, Betriebsblindheit und Egal-Mentalität in der Praxis. Es ist diese Diskrepanz, die mich nicht loslässt. Und die mich zu diesem Buch geführt hat.

Hanno beschäftigt sich schon seit vielen Jahren mit der Zukunft der Demokratie und der Rolle von politischen Parteien. Als Fellow der Berliner Denkfabrik *Das Progressive Zentrum*, als Autor und Berater sucht er nach Antworten auf die Frage, wie Menschen, Organisationen und Gesellschaften grundlegende Veränderung – Transformation – gelingt:

Fünf Jahre arbeite ich nach meinem Studium im politischen Betrieb: bei der SPD-Fraktion im Bundestag, bei mehreren Bundestagsabgeordneten und für den Parteivorstand der SPD. In diesen Jahren lerne ich, wie wenig die brave Lehre von der Politik mit der politischen Praxis zu tun hat. Wie sehr der politische Betrieb sich um sich selbst dreht, beinahe rund um die Uhr, und wie wenig Grundlegendes er gleichzeitig bewegt. Die großen Themen unserer Zeit – Ungleichheit, Öko- und Klimakrise, die Zukunft der Demokratie – werden im politischen Alltag weggedrückt vom tagesaktuellen, soundbitetauglichen Klein-Klein. Taktik geht immer vor Strategie, der schnelle Punktgewinn verdrängt das Bohren dicker Bretter.

Je länger ich dabei bin, desto mehr stelle ich mir die Sinnfrage. Und denke mehr und mehr darüber nach, wie Politik aussehen müsste, damit Wandel in größerem Ausmaß gelingen kann. Ich verlasse den Bundestag und werde kurz darauf Policy Fellow im Progressiven Zentrum, einer Berliner Denkfabrik. Dort leite ich ein Projekt, das sich um die Frage dreht, wie Parteien sich zeitgemäß organisieren können, um schlussendlich bessere Politik zu machen. Ich gehe davon aus, dass die klassischen Parteien ein Interesse daran haben, sich im Sinne des gesellschaftlichen Bedarfs zu organisieren. In den Monaten und Jahren nach diesem Projekt merke ich, dass ich mich geirrt habe. Zwar stimmen mir fast alle Gesprächspartner:innen – auch Parteivorsitzende, Geschäftsführer:innen auf Bundes- und Landesebene, Engagierte im ganzen Land – zu, dass es so wie bislang nicht weitergehen kann. Aber an kaum einer Stelle gibt es die Bereitschaft, wirklich mutig voranzugehen und in größerem Rahmen etwas zu verändern.

Parallel erlebe ich in meiner Arbeit als Organisationsentwickler, wie viel offener und experimentierfreudiger Unternehmen in der Wirtschaft sind. Meine Kunden haben im Kleinen mit denselben Herausforderungen zu kämpfen wie die Gesellschaft im Großen: Die bisherigen Strukturen funktionieren nicht mehr, Komplexität und Veränderungstempo werden zu groß, und so weiter. Anders als Organisationen in der Politik halten sie aber nicht krampfhaft am Bestehenden fest, sondern setzen grundlegend

*andere Organisations- und Führungsmodelle um. Über die Jahre helfe
ich immer mehr Organisationen dabei, die Kräfte von Selbstorganisation,
Zusammenarbeit und Eigenverantwortung zu stärken – und folglich mit
hierarchischen Flaschenhalsstrukturen, Sinnlosigkeit und Konkurrenz-
denken zu brechen. Und sehe, wie viel Positives dadurch möglich wird,
menschlich, organisatorisch, mittelbar auch gesellschaftlich.*

 *All das prägt mich. Mein Blick auf Politik und Parteien verändert
sich. Ich sehe immer klarer, dass die Zeit für grundsätzlich andere Politik und politische Strukturen überreif ist. Wir müssen die wirtschaftlichen
und politischen Grundregeln neu verhandeln, um den großen Herausforderungen unserer Zeit begegnen zu können: Öko- und Klimakrise, die
krasse Ungleichheit, die Krise der Demokratie. Innovation im bestehenden Rahmen reicht nicht. Für uns als Gesellschaft nicht, und eben auch
nicht für Parteien. Wir müssen den Rahmen neu bauen. Und zwar nicht
irgendwann, sondern jetzt.*

 *Damit die Politik das kann, braucht sie ein radikal anderes organisa-
torisches Fundament als das, was bislang da ist. Andere Strukturen, Haltungen, Arbeitsweisen. Deshalb entschließe ich mich Anfang 2020, mit
Clemens dieses Buch zu schreiben. Weil ich nicht bereit bin, mich mit dem
abzufinden, was heute ist. Und weil ich weiß, dass es besser geht.*

Wir beide haben also unterschiedliche Geschichten mit politischen
Parteien. Clemens ist eher Aktivist und Parteineugründer, Hanno
kommt eher aus der klassischen Politikwelt. So unterschiedlich unsere
Biografien sind – uns eint die Überzeugung, dass wir schnellere und
grundlegendere politische Reformen brauchen, um als Gesellschaft
zukunftsfähig zu sein. Deshalb haben wir uns hingesetzt und dieses
Buch geschrieben. Um andere zu ermutigen, sich nicht vom politischen Betrieb abzuwenden. Und um zu sagen: Schau her, so könnte es
auch gehen. Parteien müssen keine männerdominierten Ego-Shows
sein. Im Gegenteil, sie können die entschlossenen Treiber der grundlegenden Veränderung sein, die wir so dringend brauchen.

Wir verbinden eine große Hoffnung mit diesem Buch. Wir hoffen, dass Menschen nach dem Lesen sagen: Ja, wir müssen Politik und Parteien anders denken. Und ja, wir sind bereit, neuen Parteien eine Chance zu geben – oder sie sogar mitzugründen. Nicht in einem Zustand naiver Euphorie. Sondern in dem Wissen, dass wir als Gesellschaft existenziell darauf angewiesen sind, in den kommenden Jahren grundsätzlicher und grundsätzlich anders zu denken und zu handeln als in den vergangenen Jahrzehnten.

Warum wir neue Parteien brauchen

Brauchen wir wirklich neue Parteien? Noch vor wenigen Jahren hätten uns viele Menschen wohl einfach zugestimmt und gesagt: Ja, so wie bislang geht es nicht weiter. Aber in den letzten Jahren ist dieses reflexhafte Ja zur Forderung nach neuen, anders funktionierenden Parteien zögerlicher geworden. Der Grund: Europa hat in den letzten Jahren viele politische Neugründungen gesehen – mit allen Vor- und Nachteilen, die diese neuen Kräfte mit sich bringen. Von Skandinavien bis Spanien feierten rechtsnationalistische Parteien einen Erfolg an der Wahlurne nach dem anderen. Auch auf der Linken Seite gab es einige erfolgreiche Neugründungen, insbesondere in Südeuropa. Dazu gibt es kometenhafte Aufstiege von Parteien, die sich selbst im politischen Spektrum nicht als klar links oder rechts verorten. In Frankreich pflügte Emmanuel Macron mit seiner Partei *La République en Marche* die politische Landschaft radikal um. In Italien schaffte es das *MoVimento 5 Stelle* ebenfalls zur Regierungspartei.

In vielen Ländern hat sich das politische Klima weiter polarisiert. Es herrscht der Eindruck von Unruhe vor: Nichts ist mehr so, wie es mal war. Alles verschiebt sich, alles wird instabiler. Und das gerade jetzt, wo die Herausforderungen, vor denen wir stehen, immer existenzieller werden. Entsprechend sorgen die Erfolge der neuen Parteien bei den klassischen Spieler:innen links und rechts der Mitte für einen konservativen Reflex. Sie merken zwar, dass sie sich verändern müssen. Aber bevor sie sich auf Neues einlassen und damit die ohnehin instabile Lage noch weiter destabilisieren, halten sie lieber mit aller Kraft am Bewährten fest.

Dieser konservative Reflex griff auch jenseits von Parteien um sich. Je instabiler die politische Lage in Europa wurde, desto naheliegender war für viele Bürger:innen – gerade in den Ländern, wo vieles vergleichsweise komfortabel aussieht, wie in Deutschland – die Schlussfolgerung: Vielleicht ist das mit den neuen Parteien doch keine so gute Idee. Vielleicht machen sie mehr kaputt, als sie uns nutzen. Ja, die bestehenden Parteien müssen sich ändern. Aber vielleicht ist es weniger dringend, als wir noch vor Kurzem dachten. Nicht zuletzt die zahlreichen Krisen, die wir in den vergangenen Jahren erlebt haben, befeuern dieses Denken. Auf die Finanzkrise folgte die Flüchtlingskrise. Auf die Flüchtlingskrise folgte die Coronakrise. Dazwischen: permanente, teils heftige Einschläge. Das Ja zum Brexit, die Wahl von Donald Trump ...

Gleichzeitig wuchs in den letzten Jahren das Bewusstsein, dass all diese Krisen letztlich nur Nebenschauplätze waren für die echten Veränderungsherausforderungen unserer Zeit. Die Digitalisierung und die globale Ungleichheit etwa. Und dann, viel fundamentaler, der zunehmende Fokus auf die Klimakrise und damit auch die Erkenntnis: Der Boden, auf dem wir bislang sicher zu stehen meinten, verschiebt sich. Schnell, heftig, nicht umkehrbar.

Schluss mit der perfektionierten Trippelschrittpolitik

In dieser Situation scheint es vielen zu riskant, das bestehende Parteiengefüge bewusst zu destabilisieren. Zum Beispiel durch die Gründung neuer Parteien, die sich zum Ziel setzen, anders – besser – zu funktionieren als die bestehenden. Ist so eine Kampfansage jetzt wirklich sinnvoll? Brauchen wir jetzt nicht all die Erfahrung, die die klassischen Parteien mitbringen? Wäre es nicht ein riesiger Fehler, diejenigen herauszufordern, die das politische System am besten von innen kennen und aktuell noch mit Mühe zusammenhalten?

Viele antworten auf diese Fragen mit Ja. Entsprechend wurden auch wir in den letzten Jahren mehr als nur einmal gefragt: »Habt ihr den Schuss nicht gehört? Geht es jetzt nicht eher darum, die bestehenden Kräfte stark zu machen?« Ein nachvollziehbarer Gedanke. Aber wir glauben: Er greift viel zu kurz. Denn das Problem ist doch, dass die klassischen Parteien links und rechts der angeblichen Mitte die Schüsse der vergangenen Jahre maßgeblich mit verursacht haben. Ob Klima-, Flüchtlings- oder Finanzkrise: Die Parteien, die in den letzten Jahrzehnten in Deutschland und Europa politisch Verantwortung übernommen haben, sind mit Blick auf die Krisen unserer Zeit nicht nur Brand-Mitverursacher, sondern an mancher Stelle auch Brandverstärker gewesen. Wenn ebendiese Kräfte die Krisenschüsse jetzt als Vorwand nehmen, alles beim Alten zu belassen – dann gehen wir nicht mit.

Hinzu kommt der fundamental falsche Zugang der klassischen Parteien zu den systemischen Krisen unserer Zeit. Sie meinen, dass sie mit den Lösungsansätzen, die bislang funktioniert haben, auch die fundamentalen Herausforderungen bewältigen können, vor denen wir heute stehen. Dass mehr vom Bisherigen ausreiche, um langfristig wirksame Antworten finden zu können auf die Krisen des 21. Jahrhunderts. Damit liegen sie aber falsch. Klar, wir brauchen weiter die detailverliebte, von Systemkenntnis geprägte Spiegelstrichpolitik, wie sie in den vergangenen Jahrzehnten üblich war. Sie hilft dort, wo es um schrittweise Verbesserungen im bestehenden Rahmen geht. Aber parallel – und das ist der Unterschied – brauchen wir die Bereitschaft und Fähigkeit, den Rahmen selbst zu verändern. Sprich: einen fundamentalen Veränderungswillen mit Blick auf die gesellschaftlichen Megathemen und entsprechend den Mut zur ganz großen Linie.

Letzteres freilich ist genau das, was klassische Parteien nicht leisten. Sie sind in den vergangenen Jahrzehnten zu Meisterinnen der

Trippelschrittpolitik geworden, eingehegt durch die massiven gedanklichen Begrenzungen, die mit Expertentum einhergehen. Einerseits haben sie das abstrakte Verständnis, dass sie heute in einem gesellschaftlichen Umfeld agieren, das komplett anders ist als vor zehn oder zwanzig Jahren. Gleichzeitig verhalten sie sich in weiten Teilen so, als sei alles wie früher. Entsprechend ist die fleißige Produktionslinie immer neuer detaillierter Politikvorschläge auch immer weiter entfernt von den grundsätzlichen Veränderungsideen, die wir eigentlich bräuchten, um die Chance auf eine lebenswerte Zukunft erhalten zu können.

Der Hang zum Gestrigen gilt nicht nur mit Blick darauf, welche Politik die klassischen Parteien machen. Sondern auch mit Blick darauf, *wie* sie diese Politik machen. Parteien als Organisationen – ihre Strukturen, Prozesse, Arbeitsweisen und Haltungen – sind an den allermeisten Stellen wie festbetoniert im 20. Jahrhundert. Und wo sie sich verändert haben, haben sie es nicht genug getan. Die Lücke zwischen äußerer und innerer Lebensrealität wird immer größer.

Parteien und ihr Umgang mit steigender Komplexität

In der Systemtheorie gibt es einen Begriff für das, was in Parteien zu beobachten ist: Hystereseeffekt. Vom Hystereseeffekt spricht man dann, wenn jemand immer weiter das tut, was sie bislang auch schon getan hat – obwohl sich die Umstände geändert haben, in denen sie agiert. Dieser Effekt beruht auf dem sehr menschlichen Irrtum, dass eine Handlungsweise, die einmal funktioniert hat, im Zweifel immer die gute Wahl ist. Das hat natürlich schlechte Konsequenzen. Erstens verhindert der Hystereseeffekt, dass Menschen bewusst neue, funktionierende Antworten auf die neuen Umstände finden. Zweitens führt er dazu, dass diejenigen, die von ihm ergriffen sind, gar nicht merken, dass ihre Handlungen immer weniger zu dem passen, was eigentlich gebraucht wird. Denn sie glauben, dass das, was sie tun, richtig ist. Es hat ja schließlich früher auch funktioniert!

Wir glauben, dass der Hystereseeffekt die klassischen Parteien fest im Griff hat. Sie tun, was sie tun, im guten Glauben, das Richtige zu tun, auch wenn es inzwischen total unpassend zu der Welt ist, mit der wir umgehen müssen. Und wenn sie einfordern, man solle sie in ihrem Handeln stärken, weil die Alternativen noch schlechter seien – dann tun sie das in der frommen Hoffnung, dass ihr Agieren ausreicht, um die Herausforderungen unserer Zeit in den Griff zu bekommen, und zwar mit den Strukturen, Prozessen und Haltungen, die auch schon vor zwanzig oder dreißig Jahren gut funktioniert haben.

Es gibt einen schönen Satz von dem Psychologen Robert Kegan. Er schreibt: »Wenn wir die Welt als ›zu komplex‹ erfahren, nehmen wir mehr wahr als die Komplexität dieser Welt. Was wir in diesem Moment erfahren, ist die fehlende Passung zwischen der Komplexität der Welt und unserer eigenen. [...] Es gibt zwei logische Wege, mit dieser fehlenden Passung umzugehen. Entweder, wir reduzieren die Komplexität der Welt – oder erhöhen unsere.« Bestehende Parteien, vom Hystereseeffekt erfasst, versuchen, die Komplexität der Welt auf das Niveau zu reduzieren, mit dem sie umgehen können. Wir glauben, dass es einen besseren Weg gibt. Parteien können ihre Fähigkeit verbessern, mit der Komplexität unserer heutigen Welt umzugehen. Und zwar indem sie ihr inneres Komplexitätsniveau erhöhen und damit auch ihre Passung mit der Welt von heute.

Und damit sind wir wieder beim Thema dieses Buches. Wir halten klassische Parteien, wie sie heute funktionieren, für unfähig, die Persönlichkeiten, Netzwerke und Reformideen zu produzieren, die wir brauchen, um uns als Gesellschaft in die richtige Richtung bewegen zu können. Unsere Grundthese ist, dass Parteien ihre innere Verfasstheit – die Art, wie sie sich verstehen, organisieren und arbeiten –

grundsätzlich verändern müssen. Nur dann wird es ihnen möglich sein, die Menschen, die sie brauchen, als aktive Mitarbeitende zu gewinnen. Und zwar nicht als Selbstzweck. Sondern um die Ideen und Politiken zu entwerfen, die zu den Herausforderungen passen, vor denen die Welt, Europa und Deutschland tatsächlich stehen. Um an Robert Kegans Aussage anzuschließen: Nur wenn Parteien ihren Grad an Komplexität im Inneren erhöhen, werden sie einen angemessenen Umgang mit der Komplexität unserer Welt von heute und morgen finden.

Aus unserer Sicht heißt das Folgendes: Wer als Partei nichts Grundlegendes verändern möchte, muss sich auch nicht zwingend verändern. Wer als politische Kraft aber einen transformativen politischen Auftrag mit Leben füllen möchte – der muss anders arbeiten als die etablierte Konkurrenz. Das fängt an beim Politikverständnis, reicht über die Grundprinzipien dessen hinaus, was »Parteiarbeit« sein soll, und geht bis hin zu den Arbeitsweisen und -methoden, die kulturell wie operativ den Alltag prägen.

Transformative Herausforderungen

Noch nicht überzeugt? Vielleicht hilft der folgende Gedanke. 1998 schrieb Ronald Heifetz, ein Professor in Harvard, einen kurzen Artikel gemeinsam mit seinem Kollegen Donald Laurie. Darin argumentierte er, dass Manager:innen immer öfter mit einer neuen Art von Herausforderungen zu tun hätten. Diese Probleme sind so systemisch, dass es keine einfachen, naheliegenden Lösungen gibt, mit denen man sie aus der Welt schaffen kann. Sie sind komplex und entsprechend nicht linear lösbar. Wir nennen diese Art von Herausforderung *transformative Herausforderungen*. Ihr Gegenstück sind *technische Herausforderungen*, denen man mit einfachen Maßnahmen begegnen kann.

Organisationen, die in der Lage sind, sich solchen transformativen Herausforderungen zu stellen, nennen Heifetz und Laurie *adaptiv*. Sie schreiben: »Adaptivität ist erforderlich, wenn sich unsere tiefen Überzeugungen ändern, wenn die Werte, die uns erfolgreich gemacht haben, an Relevanz verlieren, und wenn konkurrierende, aber trotzdem legitime Perspektiven auftauchen.« Der Unterschied zwischen adaptiven und herkömmlichen Organisationen ist also groß. Wer ein technisches Problem lösen muss, kann es meist mit bestehendem Wissen und bestehenden Werkzeugen tun. Im Zweifel muss man sich externes Know-how organisieren oder irgendwie neue Kompetenzen erwerben. Alles im bestehenden Rahmen machbar. Wer hingegen adaptiv arbeiten möchte, kann dies nur tun, indem bisherige Herangehensweisen bewusst infrage gestellt und, wo nötig, verlernt werden. Denn die bisher erfolgreichen Herangehensweisen stehen der Lösung *entgegen* – das, was einmal richtig, passend und nützlich war, ist jetzt auf einmal hinderlich auf dem Weg nach vorn.

Für Menschen und Organisationen bringt das die anstrengende (und, wie wir finden, bereichernde) Pflicht mit sich, sich selbst zu hinterfragen und zu entwickeln. Auf einmal liegt das Lösungspotenzial nicht mehr in bestehendem Wissen, bestehenden Erfahrungen und Verhaltensmustern. Sondern in dem, was man noch *nicht* sieht, kann und weiß – in dem also, was man noch nicht ist, aber werden kann. Die neue, passende Antwort auf eine Herausforderung kommt also erst dann, wenn man die bisherigen Antworten bewusst beiseitegelegt hat.

Dieser Gedanke ist hilfreich, wenn wir darauf blicken, wie klassische Parteien arbeiten. Sie sind es gewohnt, aktuelle politische Themen als technische Herausforderung zu bearbeiten. Ihre Grundannahme ist, dass man auch systemischen Problemen über die Implementierung einzelner politischer Maßnahmen beikommen kann, ohne den Rahmen dessen, was wir heute als normal erachten, zu hinterfragen oder gar zu verändern. Alles, was gesellschaftlich als selbstverständlich gilt – das Recht zur unbegrenzten Produktion und zum unbegrenzten Konsum, der im 20. Jahrhundert etablierte Lebensstil, die bestehenden Eigentumsverhältnisse und so weiter –, gilt als gesetzt.

Wie aber müssten Parteien arbeiten, wenn sie die Herausforderungen unserer Zeit als das behandeln würden, was sie sind, nämlich transformativ? Wie sollten Parteien aussehen, die nicht nur auf immer neue Krisen reagieren, sondern behutsam, aber vorausschauend und entschlossen die Zukunft gestalten? Wie müssten Parteien funktionieren, um nicht nur über die Veränderung des bestehenden Bildes nachzudenken, sondern über den Umbau des Rahmens, der das Bild hält?

Den Rahmen umbauen, nicht das Bild verbessern

Wir glauben: sehr anders. Denn die Arbeit an transformativen Herausforderungen braucht eine ganz andere Haltung und eine ganz andere Form von Output als in klassischen Parteien üblich. Um das besser zu verstehen, hilft ein Vergleich. Stellen wir uns vor, wir spielen ein Brettspiel mit Freund:innen. Wir sind mitten im Spiel – aber merken, dass niemand so richtig Spaß daran hat. Die entscheidende Frage ist jetzt: In welcher Haltung passen wir das Spiel an unsere Bedürfnisse an? Gefällt uns das Spiel im Großen und Ganzen, abgesehen von bestimmten Spielregeln und Gestaltungselementen? Dann genügt es, auf einer Ebene einzugreifen, die die grundlegende Logik des Spiels unangetastet lässt. Sprich: Wir verändern einige Details.

Aber nehmen wir an, dass wir glauben, die Probleme gehen tiefer, bis zum Kern der Spielstruktur. Wir glauben, dass es tief greifende Veränderungen braucht, um das Spiel zu dem zu machen, was wir eigentlich wollen. Vielleicht nehmen wir jetzt einen Würfel heraus, ändern die Zugreihenfolge, reduzieren oder vergrößern die Anzahl der Spieler:innen. Eingriffe also, die die grundlegende Dynamik des Spiels verändern. Indem wir die Spielparameter neu konfigurieren, designen wir nach und nach ein grundlegend anderes Spiel als das, was wir ursprünglich angefangen hatten.

Aus unserer Sicht reduzieren die klassischen politischen Parteien ihren Auftrag auf das Verändern von Details im bestehenden Spiel. Überspitzt gesagt sind Parteien heute um die Absicht herum strukturiert, bestimmte Spielregeln *nicht* zu diskutieren, gerade nicht tiefer in das Ganze einzugreifen. Sie akzeptieren die gelernten Muster unserer Gesellschaft und des globalen Marktes als dauerhaft und unveränderlich. Sie hinterfragen die Grundfesten des Spiels nicht. Stattdessen diskutieren sie inbrünstig darüber, wie man die Spieldetails verändern könnte: Einzelheiten des Steuerrechts, der Migrationspolitik, der Rentensätze. Worüber sie nicht sprechen, ist, welche der aktuellen politischen und wirtschaftlichen Parameter den tieferen Bedürfnissen der heutigen und zukünftigen Gesellschaften dienen – und wie wir sie umbauen müssen.

Die klassischen Parteien reden zwar über transformative Herausforderungen, begegnen ihnen aber so, als seien sie technische Probleme. Sie sind dermaßen darauf fokussiert, Details innerhalb des bestehenden Rahmens anzupassen, dass sie vergessen, diesen Rahmen selbst zur Diskussion zu stellen. Und damit auch das bisherige Politikverständnis, den eigenen Veränderungsauftrag und so weiter. Solange dieser Rahmen aber ein blinder Fleck von Parteiarbeit bleibt – solange klassische Parteien nicht bereit sind, über die Grundregeln des heutigen Spiels zu diskutieren –, werden sie keine wirksamen Antworten auf die transformativen Herausforderungen unserer Zeit finden. Wenn sie sich hingegen entschließen, den Rahmen mit in den Blick zu nehmen, anstatt sich nur auf das Bild zu konzentrieren, wird Raum entstehen für wirksame Politik. Eine Politik, die das Veränderbare verändert und das vermeintlich Undiskutierbare reflektiert und, wo sinnvoll, in die richtige Richtung entwickelt.

Das mag idealistisch klingen. Aber unsere Geschichte ist voll inspirierender Beispiele, die uns daran erinnern: Politik kann viel mehr sein als das Verändern von Details. Die Einführung sozialer Sicherungssysteme. US-Präsident Roosevelts *New Deal*. Die Gründung der Europäischen Union. Alles grundlegende politische Entscheidungen, die massive Auswirkungen auf die gesamte Gesellschaft hatten. Ihnen ging die Überzeugung voraus, dass solche Reformen politisch unmöglich seien, da sie im Gegensatz zur allgemein akzeptierten Normalität standen. Bis politische Kräfte auf den Plan traten, die anders auf die Realität blickten und sich selbst den Auftrag gaben, tief in die Regeln des bestehenden Spiels einzugreifen. Kräfte, die realisiert hatten, dass die menschengemachte Welt veränderbar ist und keineswegs so funktionieren muss, wie sie im gegebenen Moment funktioniert.

Wenn eine dermaßen grundlegende Politik früher möglich gewesen ist – warum soll das heute unmöglich sein? Wenn es den Gesellschaften der Vergangenheit möglich war, die menschengemachte Realität fundamental zu verändern – warum soll uns das heute nicht gelingen, wo der Transformationsdruck beinahe unerträglich groß ist? Für all das brauchen wir neue Parteien, die grundlegend anders funktionieren und arbeiten als ihre klassischen Wettbewerberinnen. Transformative Parteien, die unsere Realität grundlegend zum Guten verändern.

Jetzt überzeugt? Klasse! Die Frage ist: Welcher Schritt schließt sich jetzt an? Begeisterungsfähige, aktivistische Gemüter würden vielleicht sagen: Einfach machen! Leute zusammentrommeln, einen Namen finden, loslegen mit der neuen Partei! Wir glauben: Das ist als Haltung ehrenhaft, aber nicht sehr Erfolg versprechend. Parteien sind sehr komplexe Gebilde. Hier kommen unterschiedlichste Interessen und Menschen zusammen, die unter ständig wechselnden Umständen Lösungen finden, Mehrheiten gewinnen und sich der dauernden Kritik von innen und außen stellen müssen. So eine Organisation auf die Beine zu stellen, und zwar so, dass sie langfristig mitspielt – das ist eine riesige Herausforderung, an der man sich äußerst schnell verheben kann.

Hinzu kommt: Für eine neue Partei mit transformativem Anspruch sind die Herausforderungen noch größer. Schließlich will sie anders mit den größten Fragen unserer Zeit umgehen als die klassischen Parteien und muss deshalb neue, eigene Wege finden. Wer das wagen will, braucht ein durchdachtes Fundament, ein funktionierendes Betriebssystem und einen gelungenen Start. Ansonsten ist das Risiko noch größer als ohnehin, dass die transformative Partei schnell nach ihrer Gründung wieder implodiert, sich zerstreitet, überfordert ist, unterkomplexe Antworten gibt, kein Momentum gewinnt, im Burn-out landet oder einfach pleitegeht.

Umso wichtiger, dass neue politische Kräfte neu denken, was eine Partei sein und leisten soll. Und das ist genau, was wir mit diesem Buch anfangen. Wir sammeln bestehende Ideen, ordnen sie, führen zusammen, denken sie weiter und bewerten. Und steuern damit hoffentlich einen kleinen Baustein bei zu einer Politik, die radikal anders funktioniert.

Folgendes haben wir in den nächsten Kapiteln vor:

Im ersten Teil buchstabieren wir aus, weshalb wir glauben, dass transformative Politik ein anderes Fundament braucht, als wir es in bestehenden Parteien erlebt haben. Dabei gehen wir auf drei Themen ein, die wir für besonders wichtig halten: die Orientierung auf Sinn und Daseinszweck, die ideologische Positionierung und die parteiinterne Kultur der transformativen Partei.

Der zweite Teil dieses Buches blickt auf das Betriebssystem der transformativen Partei. Hier schauen wir vor allem auf Themen, die uneindeutig, konfliktbehaftet und doch absolut wichtig sind. Angefangen bei der Frage, welche Rolle die Mitglieder einer Partei spielen sollten, über die Themen Führung, Demokratie und Transparenz bis hin zur üblicherweise hitzig geführten Debatte über Vielfalt.

Damit der Start der transformativen Partei gelingen kann, gehen wir im letzten Teil schließlich auf einige ganz praktische Fragen ein. Wie gelingt ein gesundes Wachstum? Woher kommt das benötigte Geld? Und wie umgehen mit Stress und Belastung? Keine Parteigründung kann erfolgreich sein, wenn sie nicht überzeugende Antworten auf diese Fragen findet.

In allen drei Teilen gilt: Wir sind uns bewusst, dass unsere Perspektive begrenzt ist. Wir wissen auch, dass wir uns mit unseren Meinungen und Vorschlägen nicht nur Freund:innen machen werden. Gleichzeitig sind alle drei Teile aus der gleichen Haltung heraus geschrieben. Wir wollen einen konstruktiven Beitrag dazu leisten, dass sich der politische Raum schneller und mutiger als bislang in die richtige Richtung bewegt. Wir wollen freigebig teilen, was wir an Erfahrungen und Ideen teilen können. In Demut denjenigen gegenüber, die am Schluss die transformative Partei auf die Beine stellen und erfolgreich machen, an die wir hier nur einen langen Liebesbrief schreiben.

Teil I

Das Fundament

Leidenschaft und Purpose:
Warum Parteien einen Nordstern brauchen

Wir stehen vor existenziellen politischen Herausforderungen. Und wir wissen es. Alle sprechen von Transformation, von Veränderung, von neuen Zeiten. Unzählige Bücher werden geschrieben, kluge Menschen diskutieren über Ungleichheit und unser Wirtschaftsmodell, und bis zum Ausbruch der Coronapandemie gingen Hunderttausende Jugendliche auf die Straße, um für eine entschlossenere Politik gegen die Klimakrise zu demonstrieren. Doch wenn all diese Energie auf den politischen Raum trifft, scheint sie verschluckt zu werden wie von einem Schwarzen Loch. Von Soundbites, die große Ideen als nicht umsetzbar erklären; den ritualisierten Verweisen auf Sachzwänge, die entschlossenes Handeln angeblich nicht zulassen.

Es scheint, als seien Parteien zu Sachwalterinnen des Status quo geworden, zur institutionellen Erklärinstanz dafür, warum die aktuelle Realität nicht veränderbar sei. Entsprechend wecken politische Parteien heute kaum noch Begeisterung. Das Verhälnis zu ihnen ist von einer gewissen Lieblosigkeit geprägt, wie in einer schal gewordenen Beziehung. Den Parteien schlägt Skepsis und Resignation entgegen, an mancher Stelle auch Frust und Wut.

Wann haben wir das letzte Mal voller Begeisterung und mit leuchtenden Augen über eine Partei gesprochen? »Noch nie«, werden die meisten antworten. Und selbst wenn wir die Positionen einer Partei grundsätzlich unterstützen, sind unsere Gefühle für sie äußerst gedämpft. Parteien erscheinen uns nicht als wirkmächtiges Werkzeug der Veränderung, sondern eher als unliebsamer, aber notwendiger Teil des Systems, so wie Behörden und Versicherungen. Sie sind einem nicht besonders angenehm, aber ganz auf sie verzichten kann und will man eben auch nicht.

Wir finden, dass sich das ändern muss, und zwar dringend. Wir wollen, nein, wir können nicht länger eine Zweckbeziehung mit Parteien führen, in der man nur noch aus Bequemlichkeit zusammenbleibt. Dieses Kapitel, der Beginn unserer Liebeserklärung an transformative Parteien, handelt deshalb im Kern von Leidenschaft. Es handelt von Politik und Parteien, die nicht aus Selbstzweck existieren, sondern, um Dinge grundsätzlich zu verändern. Die nicht bloß als Wahrerinnen des Bestehenden agieren, sondern deren Ziel die tief gehende Transformation unserer Gesellschaft ist.

Damit das gelingt, muss die neue, transformative Partei, die wir hier skizzieren, sich ganz zu Beginn einer entscheidenden Frage widmen: Warum gibt es uns als Partei überhaupt? Was wollen wir erreichen? Was ist unser Daseinszweck, oder neudeutsch: Purpose? Daraus, aus der Klarheit über den eigenen Daseinszweck, entsteht echte politische Leidenschaft.

Vom Ende der Leidenschaft

Politik und Parteien waren früher Orte, in denen um Gesellschaftsentwürfe und Menschenbilder gerungen und für sie gekämpft wurde. Es ging um Freiheit, Gleichheit und Solidarität, um Würde und Menschenrechte. Heute scheint es schnell etwas fremd und altmodisch, wenn man solche Begriffe bemüht. Ist das nicht alles Konsens? Nein, eben nicht. Freiheitsrechte stehen unter Beschuss, wir leben in extremer Ungleichheit, Menschenrechte werden selbst innerhalb Europas verletzt, und die vorherrschende Idee unserer

Zeit ist, dass jede:r für sich alleine kämpfen sollte. Die Gegenwart bietet neuen politischen Kräften genügend Auswahl für einen inspirierenden Daseinszweck.

Umso erstaunlicher, dass den klassischen Parteien ihr Purpose größtenteils unklar scheint. Klar, in ihrer Geschichte finden sich Daseinszwecke, die handlungsleitend waren. Die SPD zum Beispiel wollte einen »freiheitlichen, demokratischen Sozialismus« erschaffen. Auch Die Linke gründete sich mit diesem Ziel. Aber auf dem Weg der vergangenen Jahrzehnte haben die klassischen Parteien ihren Purpose aus dem Blick verloren. Man fand sich ab mit den Rahmenbedingungen der Bundesrepublik – politische Optimierung war das Gebot der Stunde, nicht der Blick aufs große Ganze.

Beginn einer neuen Liebe

Die magische Zutat, die den klassischen Parteien abhandengekommen ist, ist also der Sinn. Die Frage nach dem Warum. Der Daseinszweck. Aus ihm entsteht politische Leidenschaft – Voraussetzung für Politik mit Mut zum großen Wurf und grundlegendem Wandel.

Aber vielleicht sollten wir noch einmal einen Schritt zurückgehen und erklären, was wir mit Daseinszweck beziehungsweise Purpose genau meinen. Ein Daseinszweck (oder eben Purpose) ist so etwas wie der strategische Nordstern einer Partei. Ihr innerer Kompass. Er ist die gemeinsame Antwort auf die Frage: Warum gibt es uns? Worum geht es uns als Partei? Was ist Grund und Zweck unseres Daseins?

Warum das wichtig ist? Erstens, weil unsere Welt verdammt kompliziert und unübersichtlich geworden ist. Hat eine Partei keinen Purpose, verliert sie in stürmischen Zeiten schnell die Orientierung. Es fällt dann schwer, den Unterschied zwischen dem Opportunen und dem Richtigen zu erkennen. Denn erkennen, was politisch richtig ist, kann nur, wer seinen Daseinszweck kennt. Ohne Purpose sind Parteien wie eine Nussschale im Sturm. Wer keinen Purpose hat, dem geht schnell die strategische Linie verloren. Und wer keine strategische Linie hat, der gibt schnell taktischen Versuchungen nach. Trifft Entscheidungen, die kurzfristig opportun erscheinen, aber eigentlich gegen den grundlegenden Kurs der Partei gehen. Der Purpose hilft also, durch die Wirrungen des Alltags und Krisenzeiten zu navigieren und den richtigen Kurs zu setzen, wenn verschiedene Interessen, Widersprüche und Zielkonflikte die Gemengelage unendlich komplex machen.

Ein Purpose bietet Orientierung bei wichtigen Entscheidungen – aber auch in Bezug auf die eigene Identität. Ein eigener Purpose erlaubt einer Partei, zu sagen: Das ist *unser* Daseinszweck. Dafür sind *wir* hier. Auch wenn wir wissen, dass es andere mögliche und nachvollziehbare Grundorientierungen gibt, ist dies *unser* Nordstern. Parteien ohne diese Klarheit über die eigene Identität droht inhaltliche Beliebigkeit und Verwechselbarkeit mit den politischen Wettbewerberinnen.

Der Purpose ist in unserer unübersichtlichen, komplexen Welt also eine Art Vorfilter. Er erlaubt einer Partei, zu überprüfen, ob sie auf dem richtigen Weg ist und das Wesentliche im Blick hat. Und er erlaubt anderen, ein Urteil über eine Partei zu fällen. Halte ich diesen Daseinszweck für wichtig? Kann ich ihn mit dem, was mich bewegt und treibt, in Verbindung setzen? Steht er mit meinem individuellen Wirken, meinen Werten und meinen Überzeugungen in Resonanz? Wenn ja, dann komme ich vielleicht zu dem Schluss, diese Partei zu wählen und zu unterstützen.

Umso wichtiger, dass Parteien ihren Daseinszweck nicht wie ein paar Schuhe auswechseln. Es gibt Zeiten, in denen der Purpose einer Partei mehr mit den Wähler:innen und der Gesellschaft in Resonanz steht, und andere, in denen das weniger der Fall ist. In diesen Zeiten trotzdem weiter nach seinem inneren Kompass zu handeln ist nicht nur gut für die Glaubwürdigkeit, sondern es hilft einer Partei auch, in Passung zur eigenen Identität zu bleiben. Eine purposeorientierte Partei ist also das Gegenteil einer Politik nach Umfragen. Sie stellt die Annahme von Politikwissenschaftler:innen, der Zweck einer Partei sei in erster Linie die maximale Akkumulierung von Stimmen bzw. Macht (analog zu der Behauptung, der Zweck von Unternehmen sei der Gewinn), radikal infrage. Stattdessen ist Purpose eine echte Be*sinn*ung auf das Warum.

Die transformativen Herausforderungen unserer Zeit

Wir denken deshalb: Ohne Purpose keine transformativen Parteien. Wenn eine Partei nicht (mehr) weiß, wo sie hinwill, wie soll sie dann grundlegend etwas verändern?

Aber heißt das im Umkehrschluss, dass jede Partei, die willensstark ihrem Purpose folgt, in der Lage ist, transformative Herausforderungen zu bewältigen? Nein, auch das reicht nicht aus. Die Gretchenfrage lautet: Hat eine Partei einen technischen oder einen transformativen Anspruch an ihre Arbeit? Verharrt ihr Selbstverständnis im 20. Jahrhundert (technische Perspektive), oder schafft sie es, ihre Grundannahmen infrage zu stellen und radikal gestalterische Politik im Sinne ihres Purpose zu machen (transformative Perspektive)? Diese Trennlinie, so glauben wir, unterscheidet eine transformative von einer klassischen Partei. Entsprechend muss sie sich auch im Purpose einer transformativen politischen Kraft widerspiegeln,

Doch von welchen Herausforderungen sprechen wir hier eigentlich? Die Frage ist bedeutend, weil eine Partei mit einem generischen, bedeutungslosen Purpose, der sich nicht aus der Realität der Welt speist, genauso nutzlos ist wie eine Partei, die ihren Purpose ignoriert oder nie einen hatte. »Die Welt besser machen«, »Gute Politik« oder »Für die Menschen« sind keine Nordsterne, die Orientierung bieten, sondern Marketing-Plattitüden.

Der Daseinszweck einer Partei muss sich aus einer Analyse der Gesellschaft und ihren tatsächlichen Missständen und Herausforderungen speisen. Tut er das nicht, ist er hohl, oberflächlich und sinnlos. Also zur Sache. Uns erscheinen fünf aktuelle transformative Herausforderungen als so zentral, als so groß, als so inspirierend und sinnstiftend, dass es sich lohnt, den Daseinszweck einer neuen politischen Partei auf ihnen zu begründen. Ob die von uns gewählten Herausforderungen die richtigen sind und welche Priorität ihnen eine transformative Partei im Purpose einräumt – darum darf und soll gerungen werden.

1. Klimakrise und Zerstörung der Ökosysteme: Auf dem Weg zum unbewohnbaren Planeten

Die Fakten sind bekannt: drei bis fünf Grad Temperaturanstieg bis 2100, wenn der aktuelle Trend weitergeht. Überflutungen, Hitzesommer, Waldbrände und Stürme als Folge. Zweihundert Millionen Klimaflüchtlinge bis 2050. Dazu Insektensterben, Waldsterben, Korallensterben. Ausgelaugte Böden, Tierleid, Nitratbelastung, saure Meere, Überfischung. Und so weiter. In Echtzeit können wir verfolgen, wie wir unseren Planeten zerstören und unbewohnbar machen.

All diese Fakten sind mittlerweile im politischen Mainstream angekommen, zumindest in Deutschland. Warum also eine neue Partei, die ihren Purpose aus diesem Thema speist? Es gibt doch Klimaschutz, Artenschutz, Kohleausstieg, CO_2-Steuer ... Es gibt die Grünen, und neuerdings hat sogar die CSU ihr grünes Gewissen entdeckt. Doch auch nach Jahren der politischen Debatte und selbst nach den Protesten von Millionen Jugendlichen auf der ganzen Welt passen die Schlussfolgerungen der deutschen Parteien nicht zu den Fakten. Kein Wunder, denn andere Schlussfolgerungen – Schlussfolgerungen, die die Zukunft der kommenden Generationen schützen würden – wären radikal. Verdammt radikal.

In Kürze: Wir können nicht so weitermachen wie bisher. Ein völlig anderes Verhältnis zur Natur ist nötig. Nie wieder Raubbau, weg vom grenzenlosen Nehmen und Nutzen hin zu einem nachhaltigen Gleichgewicht zwischen menschlichem und nicht-menschlichem Leben. Das wiederum kann nur durch eine grundlegende Transformation unserer Wirtschaft, den massiven Umbau der Infrastruktur und viele andere grundlegende Veränderungen gelingen. Jedes Unternehmen, jedes Haus, die Landwirtschaft, Mobilität, die Energieversorgung – all das und viel mehr müsste darauf ausgerichtet sein, ein nachhaltiges Gleichgewicht zu ermöglichen, damit die Zerstörung unserer Lebensgrundlagen aufgehalten wird. Und das alles in den nächsten zehn bis zwanzig Jahren.

Die notwendigen Veränderungen sind also radikal. So radikal, dass jede Partei, die ihren Daseinszweck nicht genuin aus der Klimakrise und der Zerstörung der Ökosysteme ableitet, an ihnen scheitern wird. Wenn das tiefste Selbstverständnis einer Partei sagt, dass Klima und Umwelt natürlich wichtig sind, dass man aber eben auch und vor allem die Industrie, wie sie ist, (oder die Arbeitsplätze in selbiger) schützen muss, dann wird diese Partei sich nie zu den notwendigen Veränderungen durchringen können. Der Journalist Bernd Ulrich schreibt dazu sinngemäß: Wer denkt, dass sich am Ende mit dem Klima ein Kompromiss finden wird, wie sonst auch immer in einer Demokratie, der hat nicht begriffen, dass diese bewährte Logik bei der Klimakrise und der Zerstörung von Ökosystemen nicht mehr funktioniert. Weil die Natur nicht mit sich verhandeln lässt.

Aber auch wenn die Themen Klimaschutz und Schutz der Natur tief in der DNA einer Partei verankert sind (wie bei den Grünen), muss sich das paaren mit einem transformativen Veränderungsanspruch. Technische Spiegelstrichpolitik reicht nicht. Konkret: CO_2-Steuer schön und gut, aber wir müssen unsere gesamte Wirtschaftsweise verändern. Prestigeträchtige grüne Infrastrukturprojekte sind super – aber wir müssen Billionen in den Umbau der Infrastruktur investieren.

Die klassischen Parteien können diese radikalen Schritte nicht gehen, weil ihr Politikansatz nicht mehr in Passung mit den Notwendigkeiten der Realität steht. Das kann passieren, die Zeiten ändern sich eben. Aber wenn uns die Zukunft der jungen und kommenden Generationen am Herzen liegt, brauchen wir neue Parteien, die sich einer grundlegenden ökologischen Transformation verschreiben.

2. Globale Ungerechtigkeit und Migration: Wenn Wegsehen zu schmerzhaft wird

Eine zweite transformative Herausforderung ist die Frage nach der globalen Verantwortung Deutschlands und Europas. Schon heute verursacht unsere Art zu wirtschaften – wie wir produzieren, konsumieren, handeln – in vielen Teilen der Welt größtes Leid. Und selbst wenn in den nächsten zehn bis zwanzig Jahren eine weltweite ökologische Transformation gelingt, wird sich durch die bereits entstandenen Klimaschäden die Lage noch einmal verschärfen.

Seit Jahrzehnten schafft es das Thema immer mal wieder in die Schlagzeilen, Bundestagsreden und Wahlprogramme. Viel geändert hat sich trotzdem nicht. Kein Wunder, denn durch die Globalisierung sind heute nicht mehr nur die bürgerlichen Eliten, sondern auch die Ausgebeuteten der westlichen Welt die Profiteure der Ausbeutung des globalen Südens. Und so schauen die meisten von uns weg. Genauso wenig, wie wir wissen möchten, woher die Bratwurst kommt, die gerade so schön auf dem Grill brutzelt, möchten wir erfahren, unter welchen Umständen die seltenen Erden für unsere Handys geschürft werden, wer unsere Kleidung näht oder warum die Schokolade so günstig ist.

Unsere These ist, dass dieses Wegschauen in Zukunft immer schwieriger und schmerzhafter werden wird. Und dass mehr und mehr Menschen von der Politik verlangen werden, etwas gegen die extreme globale Ungleichheit zu unternehmen. Nicht zuletzt, weil anhaltende Armut, Not und Krisen schon jetzt zu massiven Flucht- und Migrationsbewegungen führen. Laut dem UN-Flüchtlingswerk UNHCR waren Ende 2019 fast achtzig Millionen Menschen auf der Flucht, mehr als jemals zuvor. Weltweit fliehen jedes Jahr mehr und mehr Menschen vor Armut, Dürren, bewaffneten Konflikten und repressiven Regimen. Zwar versprechen die europäischen Regierungen seit Jahren, Fluchtursachen zu bekämpfen. Tatsächlich bekämpft werden aber vor allem die Menschen auf der Flucht selbst. Unverhohlen militärisch stellen sich mittlerweile europäische Grenzschützer:innen gegen Menschen, die ihr gesamtes Hab und Gut in einem Rucksack auf dem Rücken tragen. Europäische Regierungen schicken Menschen sehenden Auges ins Ertrinken, pferchen Menschen zu Tausenden in viel zu kleine Lager, setzen Menschenrechte und rechtsstaatliche Verfahren aus, trennen Familien – Europa verliert seine Seele.

Parteien müssen sich dieser transformativen Herausforderung stellen. Sie müssen die klassische Perspektive auf Nationalstaaten hinterfragen – und eine Lösung anbieten, die Menschen aus der Geiselhaft der Nationalstaaten befreit, in die sie zufällig hineingeboren worden sind. Lösungen, die sich nicht damit begnügen, dass manche eben in Wohlstand und Sicherheit hineingeboren werden, während andere sich mit Unsicherheit und Armut begnügen sollen. Und damit auch Lösungen, die echte Alternativen eröffnen für diejenigen, die heute zu Flucht und Auswanderung gezwungen sind, wenn sie ein Stückchen Wohlstand und Sicherheit abbekommen wollen. Die Herausforderung ist also schlussendlich nichts Geringeres, als den Schutz jedes Menschen immer und überall an erste Stelle zu stellen.

Zum anderen bedeutet das, dass Parteien ihre Perspektive auf Wirtschafts- und Finanzsysteme ändern müssen, um Handlungsspielräume zu erweitern. Die bisherige technische Perspektive sieht ungefähr so aus: »Die Wirtschaft ist so, wie sie ist. Wir tun beim Thema globale Verantwortung, was wir können, aber mit Blick auf die meisten Missstände sind uns leider die Hände gebunden.« Eine transformative Perspektive akzeptiert diese Haltung nicht. Sie erkennt die Realität an, nur um sich dann mit großem Idealismus daranzumachen, das Wirtschafts- und Finanzsystem zu verändern. Mit dem Ziel, mehr globale Verantwortung zu übernehmen und damit die Abhängigkeiten von Ländern, die Menschenrechte nicht achten, zu reduzieren, um in Folge Kritik oder Sanktionen aussprechen zu können. Exportüberschüsse zu vermindern, damit keine erpresserischen Handelsabkommen mit Ländern des globalen Südens geschlossen werden müssen. Und Industrien, die aus einer Perspektive globaler Verantwortung problematisch sind – zum Beispiel Fast-Fashion-Unternehmen, die Rüstungsindustrie oder manche Chemiekonzerne –, zur Transformation zu zwingen.

Die technische Perspektive von klassischen Parteien, für die solch grundlegende Eingriffe in den freien Markt und die internationale Ordnung unvorstellbar sind, gerät also auch bei der Frage der globalen Verantwortung an ihre Grenzen. Für die Zukunft von Millionen Menschen auf der Flucht, in Bergwerken, Fabriken und auf Feldern des globalen Südens und für das Seelenwohl Europas braucht es daher eine transformative Perspektive – tief verwurzelt im Purpose einer neuen Partei.

3. Wohlstand und Sicherheit im 21. Jahrhundert: Grundrecht oder Privileg?

Die großen Kämpfe des letzten Jahrhunderts um Gleichheit und Gerechtigkeit sind, so scheint es vielen, befriedigt und vorbei. Die meiste Zeit boomt die Wirtschaft, der Arbeitsmarkt ist stabil, dem Land geht es gut. Klar, ab und zu streiken die Lokführer:innen oder die Mitglieder der IG Metall, aber diese Arbeitskämpfe folgen dem immer gleichen Skript. Eine Weile geht es hin und her, dann kommt die Einigung. Warum auch nicht? Die Löhne sind in Ordnung, die meisten Menschen kommen ganz gut zurecht. Und auch die nationalen Sozialsysteme, die Schulen, das Gesundheitssystem, all das funktioniert im Grunde recht anständig. Nicht perfekt, natürlich, aber doch ganz gut. Oder?

Die Antwort ist leider: Nein, tut es nicht. Denn neben der »Deutschland geht es doch gut«-Erzählung gibt es eine andere Realität, in der es Menschen nicht immer besser, sondern immer schlechter geht. Sie ist geprägt von Outsourcing, Zeitarbeit, Aufstocken, Unsicherheit, Depression, Angst, Perspektivlosigkeit und Scham. In dieser Realität ist eine kaputte Waschmaschine ein existenzielles Problem. Da kommt die Kleidung aus der Kleiderkammer und das Essen von der Tafel. In ihr zelebrieren gut ausgebildete junge Menschen den Minimalismus, weil das Geld für nichts anderes reicht. Pflegekräfte brechen unter der Arbeitslast zusammen, genauso wie Geflüchtete, die für Sub-Sub-Subunternehmen Pakete ausfahren.

Nehmen wir nicht Deutschland, sondern Europa als Referenzrahmen, dann ist die Lage noch einmal wesentlich dramatischer. Fast jede:r zehnte Arbeitnehmer:in lebt unterhalb der Armutsgrenze. Seit 2005 ist dieser Wert stetig gestiegen. Jedes vierte Kind in Europa wächst in Armut auf. 44 Prozent der unter 25-jährigen Arbeitnehmer:innen haben lediglich eine befristete Anstellung. Wer diese Zahlen ernst nimmt, dem wird schnell klar, dass es sich hier nicht um ein Nischenproblem oder Einzelfälle handelt.

All das wird schließlich zu einer transformativen Herausforderung, wenn in nicht allzu ferner Zukunft durch künstliche Intelligenz und neue Robotertechnik ganze Branchen und Industrien automatisiert werden und dadurch Millionen Arbeitsplätze verloren gehen. Was für eine Gesellschaft werden wir dann sein? Eine, in der unzählige weitere Menschen in Armut stürzen und vom Staat gegängelt und kontrolliert werden? Oder eine, in der der Staat alles dafür tut, um seinen Bürger:innen Wohlstand und soziale Sicherheit zu garantieren?

Alles schon tausendmal gehört? Natürlich. Das Problem ist nicht, dass wir nicht wüssten, dass Wohlstand und Sicherheit immer mehr zum Privileg werden. Sondern, dass Parteien zurzeit keine vorstellbaren Alternativen anbieten. Linke Parteien, die es wenigstens manchmal versuchen, beginnen mit grundsätzlicher Kapitalismuskritik, beschränken sich dann aber auf inkrementelle Reförmchen wie die Anhebung des Mindestlohns um einige Euro. Analyse und Antwort passen also ganz offensichtlich nicht zusammen. Wir haben die Hoffnung verloren, dass sich das noch einmal ändern wird – so leid es uns tut, das so zu schreiben. Erst eine transformative Partei wird Analyse und Antworten wieder in Passung bringen können. Dafür braucht sie einen Purpose, der Wohlstand und Sicherheit für *alle* Bürger:innen garantieren will und für dessen Verwirklichung es ein neues Verständnis von Gleichheit und Gerechtigkeit und ein anderes Wirtschaftssystem braucht.

4. Der Kampf der Systeme: Demokratie, Freiheit und Autonomie unter Beschuss

Unsere Vorstellung von Demokratie, Freiheit und Autonomie steht von zwei Seiten unter Beschuss. Erstens sind es die Ideologien und Praktiken autoritärer Regime, die weltweit an Zuspruch gewinnen. In Polen, Ungarn und Brasilien, um nur einige zu nennen, werden demokratische Institutionen demontiert, der Rechtsstaat infrage gestellt und die Pressefreiheit angegriffen. Hinzu kommen eine wachsende Militarisierung der Polizei sowie Hass und Hetze, angefeuert und organisiert von höchster Stelle. Ein neuer Autoritarismus ist international auf dem Vormarsch. Die Regime Chinas und Russlands heizen diesen Kampf der Systeme zusätzlich an.

Zweitens wird aber auch die zunehmende Macht digitaler Konzerne zur Gefahr für unsere Demokratie, Freiheit und die Autonomie der Einzelnen. Von harmlosen Plattformen für Katzenvideos und Urlaubsfotos haben sich Digitalunternehmen zu systemrelevanten Playern entwickelt. Ihre Technologien dringen in immer neue Bereiche vor, um mehr und mehr Daten zu sammeln und auszuwerten. Amazons und Googles digitale Assistenten stehen schon jetzt in Millionen Wohn- und Schlafzimmern. Smart Cities, Gesichtserkennung, autonomes Fahren und zahlreiche Apps analysieren unsere Mobilität. Systeme mit künstlicher Intelligenz werden zunehmend in Entscheidungsprozesse eingebunden. Diese und zahlreiche weitere digitale Systeme ermöglichen Überwachung, Manipulation und Machtausübung in nie gekannter Art und Weise. Zugleich steigt unsere Abhängigkeit – eine Gesellschaft ohne die Produkte und Dienste von Google, Amazon, Facebook, Microsoft, IBM und vielen mehr ist kaum noch vorstellbar, weder für die Verbraucher noch für Unternehmen oder den Staat.

Zu einer transformativen Herausforderung werden diese beiden Entwicklungen in besonderem Maße, wenn sie sich verbinden, wenn also Digitalunternehmen und staatliche Akteure mit autoritären Tendenzen zusammenarbeiten. Übertriebene Dystopie? Nein, schon jetzt Realität. Die von Edward Snowden veröffentlichten Dokumente zeigen, wie Internetkonzerne bereits vor einigen Jahren unsere privatesten Daten massenhaft an Geheimdienste weitergaben. Und das geht so weiter. Microsoft erhielt vom amerikanischen Verteidigungsministerium einen Milliardenauftrag für den Aufbau eines Cloud-Systems. Amazon lizenzierte bis vor Kurzem Gesichtserkennungssoftware an Tausende Polizeibehörden in den USA.

Der Kampf der Systeme – freiheitliche gegen faschistische, demokratische gegen autoritäre und digital-totalitäre – hat gerade erst begonnen. Klassische Parteien beschränken sich in diesem Kampf bisher meist darauf, das Bestehende zu verteidigen, und sind damit permanent in der Defensive. Sie erkennen nicht, dass sich die Spielregeln geändert haben, dass es nicht mehr ausreicht, nur den Zusammenhalt der Gesellschaft zu beschwören. Es braucht auch hier, denken wir, eine neue, transformative Perspektive, die in der Lage ist, die komplexen, multidimensionalen Ursachen für den neuen Autoritarismus und Nationalismus zu verstehen und anzugehen. Eine Perspektive, die mit frischem Blick die Funktionsweisen und Logiken, Gefahren und Chancen digitaler Technologien einschätzen kann und über wirksame Regulierungen nachdenkt. Und die den Freiheitsrechten ein Update für das 21. Jahrhundert verpassen kann.

5. Die Zukunft Europas: Nationalstaaten stoßen an ihre Grenzen

In der Geschichte der Menschheit gab es immer wieder große emanzipatorische Bewegungen. Die Bürgerrechtsbewegung der DDR, der Arabische Frühling und die Unabhängigkeitsbewegungen in zahlreichen ehemaligen Kolonien sind nur einige Beispiele. Martin Luther Kings berühmter Satz »I have a dream that one day ...« verkörpert ihren Geist wie kein zweiter. Das gemeinsame Streben nach Gleichheit, Freiheit, Solidarität und Demokratie hat schon immer zu Sternstunden der Menschheit und zu großen Errungenschaften geführt.

Zu diesen Errungenschaften könnte auch die Europäische Union zählen. In ihren Institutionen, geschaffen nach zwei verheerenden Kriegen mit Millionen Toten, kommen Menschen aus ganz Europa zusammen, um friedlich über Europas Weg in die Zukunft zu diskutieren. Nationalstaaten und große europäische Politiker:innen sind immer wieder zugunsten eines gemeinsamen europäischen Traums über ihren Schatten gesprungen und haben nationale Souveränität abgegeben. Heute, nur zwei Generationen, nachdem Deutschland aus ganz Europa ein Schlachtfeld machte, sind die Grenzen offen, und es herrscht Frieden.

Doch diese Geschichte, die Geschichte der Nationalstaaten, die aus den Grauen von zwei Weltkriegen gelernt haben, stößt heute buchstäblich an ihre Grenzen. Noch immer ist die Europäische Union hauptsächlich ein Zusammenschluss von Nationalstaaten. Ihr Selbstverständnis, ihre Gründung, speiste sich nicht aus einem gemeinsamen emanzipatorischen Traum der Bürger:innen Europas, sondern aus Vernunft und Notwendigkeit.

Viele Mitbürger:innen sehen hier gar kein Problem. »Läuft doch im Großen und Ganzen ganz gut.« Wahrscheinlich braucht es eine neue Generation, die sich als zuerst und vor allem europäisch versteht und die darauf antworten wird: »Nein, läuft es nicht. Unser Kampf für Gleichheit, Freiheit und Solidarität in Europa beginnt gerade erst.« Aus einer neuen Perspektive wird diese Generation Fragen stellen, die nicht mehr die Logik des 20. Jahrhunderts widerspiegeln, sondern eine andere Sichtweise auf Europa zeigen. Sie werden fragen, warum nicht alle Menschen in Europa gleiche

Rechte haben. Warum wir nicht gemeinsam eine europäische Regierung wählen dürfen, die einer echten demokratischen Kontrolle unterliegt. Warum es zwar Sozialsysteme und Solidarität gibt, aber diese an Linien auf der Karte plötzlich enden. Sie werden fragen, warum wir Steuerdumping erlauben, statt eine gesamteuropäische Wirtschaftspolitik zu machen. Warum manche Gesundheitssysteme so schlecht auf das Coronavirus vorbereitet waren. Warum es einen Unterschied für Chancen und Bildung macht, wo in Europa ein Mensch geboren wird. Und so weiter. Und sie werden, so hoffen wir, die bisherigen, beschwichtigenden Antworten nicht länger akzeptieren.

Klassische Parteien, die in Europa lediglich eine historische Errungenschaft (siebzig Jahre Frieden) sehen oder sich nur auf die praktischen Vorteile (Sicherheit, gut für die Wirtschaft) konzentrieren, werden niemals mit der notwendigen Leidenschaft eine transformative Perspektive einnehmen können. Dafür braucht es, so glauben wir, neue Parteien. Parteien, die nicht nur aus Vernunft, sondern aus vollem Herzen, die Fahnen des neuen Europas schwenkend, die großen europäischen Werte – Freiheit! Gleichheit! Solidarität! – rufend, den über hundert Jahre alten europäischen Traum vollenden: die Ausrufung der Europäischen Republik mit gleichen Rechten für alle Bürger:innen.

Purpose ja! Aber wie?

Transformative Parteien haben also die Qual der Wahl – an Stoff für einen kraftvollen Purpose mangelt es nicht. Umso wichtiger ist aus unserer Sicht, dass die Partei noch vor ihrer Gründung eine klare Entscheidung trifft: Darum gibt es uns! Der Daseinszweck in wenigen Worten, glasklar verständlich. Wir glauben: Eine transformative Partei muss einen Purpose haben. Das drücken wir in den kommenden Kapiteln immer wieder in einem Begriff aus, der genau daran erinnert. Wir nennen die transformative Partei auch *Purpose-Partei*.

Es liegt in der Verantwortung der Gründer:innen, sehr früh gemeinsam Klarheit zu entwickeln, warum es die Partei geben soll. Das klingt selbsterklärend, ist es aber nicht. Hier ist Demokratie in Bewegung ein gutes Beispiel, die Partei, die Clemens mitgegründet hat. Der Gründungsimpuls der Partei war, wirklich anders zu sein als die klassischen Wettbewerberinnen im politischen Feld. Es ging also um das *Wie*. Was fehlte, war das eindeutige, kraftvolle *Warum*. Schlussendlich trat Demokratie in Bewegung damit an, »ein Update für die Demokratie« durchführen zu wollen. Aber irgendwie standen auch noch soziale Gerechtigkeit, Europa und Nachhaltigkeit auf dem Zettel. Von außen betrachtet schien es, als wäre die Partei hin- und hergerissen zwischen diesen Themen und sehr unklar, wofür sie wirklich stehen will. Am Schluss war das ein maßgeblicher Grund für den mangelnden Erfolg der Partei.

Natürlich spricht nichts dagegen, dass sich eine politische Partei um mehrere Megathemen auf einmal kümmert. Muss sie sogar, wenn sie verantwortlich Politik machen will. Aber das ersetzt nicht die Klarheit darüber, wofür man im Kern steht: Was ist der wirklich zentrale Daseinszweck? Diese Klarheit zu entwickeln – das ist aus unserer Sicht der erste Schritt auf dem Weg zur Parteigründung. Ein eindeutiger Purpose hilft den Gründer:innen, sich gemeinsam auszurichten und darüber zu verständigen, worum es im Kern geht. Dazu hilft der Purpose, wenn es darum geht, die Idee gegenüber Sympathisant:innen kraftvoll zu pitchen – und so die Engagierten an Bord zu holen, die für die gleiche Sache brennen.

Bleibt die Frage: Wie kommt man zu einem Purpose? Hier gibt es nicht den einen richtigen Weg, aber wir halten ein Modell für hilfreich, um strukturiert zu einem soliden Purpose zu kommen. Das Modell heißt Ikigai, aus dem Japanischen übersetzt mit »Lebenssinn«. Klassischerweise wird der Ikigai eingesetzt, um den persönlichen Purpose zu bestimmen. Als Organisationsentwickler nutzt Hanno den (etwas abgewandelten) Ikigai aber auch, um den Purpose von Organisationen zu definieren.

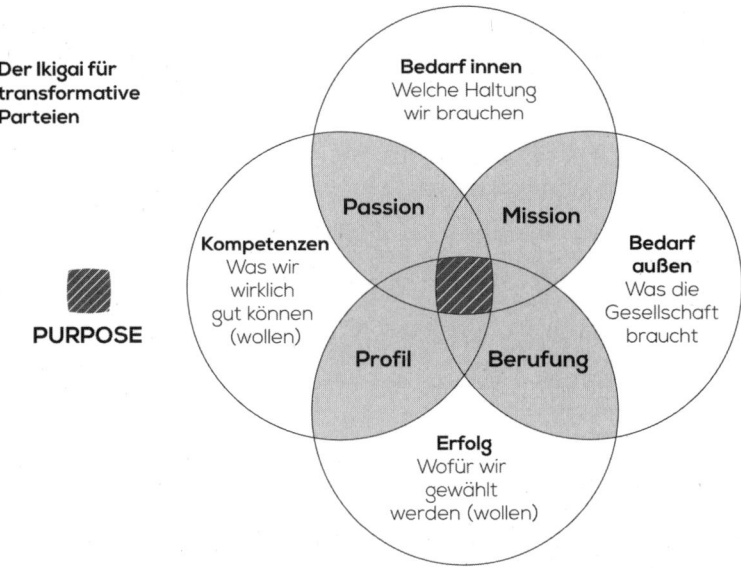

Das Modell ist schnell verständlich. Die Idee ist, den Purpose (oder eben Ikigai) schrittweise »einzukreisen«, und zwar durch vier Perspektivwechsel. Das Ganze beginnt mit vier einfachen, aber im Kern sehr strategischen Fragen:
- Was braucht die Gesellschaft und/oder die Welt?
- Wofür wollen wir gewählt werden?
- Was wollen wir als Partei wirklich gut können?
- Welche Haltung brauchen wir im Inneren der Partei?

So entstehen in vier Kreisen mosaikartig Antworten auf die vier Ausgangsfragen. Im nächsten Schritt geht es an die Schnittmengen zwischen den Kreisen. Hier geht es darum, vier knappe Sätze zu formulieren, die Passion, Mission, Berufung und Profil der transformativen Partei ganz verknappt beschreiben. Wenn das gelungen ist, geht es zum eigentlichen Schritt: dem Destillieren des Ikigai. Eines knappen Satzes also, der glasklar ausdrückt, wofür die Partei im Kern stehen möchte.

Den Purpose zu finden ist für uns der erste, wirklich wichtige Schritt für die Gründung einer erfolgreichen transformativen Partei. Aber damit ist es nicht getan. Genauso wichtig ist Klarheit darüber, wo sich die transformative Partei ideologisch verortet. Was das bedeutet, beleuchten wir im nächsten Kapitel.

Ideologie und strategische Verortung: Die Landkarte des 21. Jahrhunderts

Ein klarer Purpose ist wichtig, damit die transformative Partei im politischen Alltag den Kurs immer wieder auf den Daseinszweck ausrichtet. So weit, so klar. Aber: Welchen Platz hat dann politische Ideologie? Also die Weltanschauung, die den Blick der Partei auf die Gesellschaft und das eigene Handeln leitet? Kurz gesagt: Aus unserer Sicht ersetzt der Purpose nicht die Ideologie der transformativen Partei. Er drückt sie aus, verknappt und kondensiert sie. Aber Purpose und Ideologie stehen nicht im Verhältnis von Entweder – Oder zueinander, sondern ergänzen sich.

Man kann nicht nicht ideologisch sein

Aber, Moment: Ideologie?

Wir wissen, dass viele die Nase rümpfen, wenn von diesem Wort die Rede ist. »Ideologie« und »ideologisch« – das hat schnell den Beiklang von Betonköpfigkeit und verhärtetem Dogmatismus. Wir haben in den letzten Jahren immer wieder gehört, dass »ideologisch« als negatives Adjektiv genutzt wird. Als gäbe es Menschen, die ideologisch sind (die Radikalen, Verbohrten), und andere, die es nicht sind.

Das passt zu den letzten drei Dekaden politischer Rhetorik, die auf »Vernunft« oder »Alternativlosigkeit« verwies. Politik kleidete sich in das Gewand der von Ideologie unberührten, ausschließlich von Vernunft geleiteten Akteurin. Nach dem Fall der Berliner Mauer fragte der Politologe Francis Fukuyama, ob »das Ende der Geschichte« erreicht sei. Mit dem Ende des real existierenden Sozialismus schien es, als gäbe es keine Alternativen mehr zum westlich geprägten Kapitalismus und der liberalen Demokratie. Heute kaum zu glauben: Auch manche sehr kluge Menschen gingen davon aus, dass mit dem Sieg der »freien« Märkte auch der globale Siegeszug der Demokratie einsetzen würde. Dass die Geschichte der menschlichen Zivilisation auf einen gemeinsamen Punkt zulaufen würde: demokratisch, kapitalistisch, friedlich. Und dass mit dem Wettkampf der Ideologien auch das Ideologische selbst an Bedeutung verlieren würde.

Heute ist uns wieder bewusst: Lineare Entwicklungen sind der Geschichte fremd. Der Kapitalismus hat zwar einen globalen Siegeszug hingelegt, siegt sich aber in rapidem Tempo zu Tode und reißt uns alle gleich mit. Die westlichen Demokratien erodieren. Geopolitisch gibt es einen zunehmend scharfen Systemwettbewerb mit den marktradikalen USA und dem staatskapitalistisch-autoritären China als Antipoden.

Im Rückblick entpuppen sich die drei Jahrzehnte nach dem Mauerfall als eine Zeit, in der politische Entscheider:innen die ökonomischen Interessen einer privilegierten Minderheit radikal vor die Interessen des Ökosystems und den Löwenanteil der Menschheit gestellt haben. Wie konnte es dazu kommen? Genau, durch Ideologie. Denn die angeblich post-historische, unideologische Ära seit 1990 war in Wirklichkeit geprägt durch ideologischen Extremismus. Plötzlich waren Dinge möglich, die in den Jahrzehnten nach dem Ende des Zweiten Weltkrieges zumindest in der Sowjetunion, Europa und Nordamerika nie durchsetzbar gewesen wären, von der Null- und Niedrigbesteuerung globaler Konzerne und Superreicher bis hin zur Privatisierung der Wasserversorgung.

Die radikalen politischen Entscheidungen, die diesen Entwicklungen den Weg bahnten, wurden möglich, weil sich die ideologische Agenda der Neoliberalen in das Gewand des »Alternativlosen« und »Vernünftigen« hüllte. Diejenigen, die sich gegen diese Agenda wehrten, wurden als »ideologisch« diffamiert. Als beruhe nur ihre Gegenwehr auf Ideologie, nicht jedoch die Sache, gegen die sie sich auflehnten. Diese Strategie war hoch erfolgreich. Die neoliberalen Ideologen fanden fleißige Mittäter:innen bis weit ins linke Parteienspektrum hinein. Gerade die europäische Sozialdemokratie schwenkte über den sogenannten »dritten Weg« um in die neoliberale Richtung. Dabei waren sich manche politische Entscheider:innen nicht einmal klar, wie hochgradig ihre Entscheidungen auf eine gewisse Ideologie einzahlten. Sie taten doch schließlich nur das Vernünftige! Vor dem Hintergrund dieser Erfahrung gilt: Wenn jemand sagt, er sei unideologisch, ist höchste Vorsicht angebracht. Meist verfolgen diejenigen, die sich als unideologisch ausgeben, eine hochideologische Agenda, ob bewusst oder unbewusst.

Aus dem als unideologisch getarnten ideologischen Extremismus der letzten Dekaden können wir eine Lehre ziehen. Die Frage ist nicht, ob die Welt von Ideologien durchzogen ist oder nicht – sie ist es, und sei es, dass eine Weltanschauung quasi hegemonial ist. Die Frage ist auch nicht, ob wir ideologisch sein wollen oder nicht. Denn wir alle, ob wir wollen oder nicht, sind massiv beeinflusst von den Ideologien der Zeit und Gesellschaft, in der wir leben. Wir können uns dem nicht entziehen. Wir können nicht nicht ideologisch sein. Es gibt keine Zeit ohne Ideologie und keinen Blick auf die Welt, der nicht durch die ideologische Brille beeinflusst ist, die wir aufhaben.

Sind wir also hilfloser Spielball der Ideologien um uns herum? Nur wenn wir uns ihrer nicht gewahr sind und kein Bewusstsein haben, wie sie unseren Blick auf die Dinge und unsere Handlungen prägen und beeinflussen. Deshalb ist das Gespräch über Ideologien wichtig. Nur wenn wir die Ideologien unserer Zeit *kennen* und *benennen*, können wir uns als Menschen in der ideologischen Landschaft verorten.

Anders gesagt: Wer nicht über Ideologien sprechen will, erschwert Menschen die Selbsterkenntnis. Erst wenn wir verstehen, welche ideologischen Linien es gibt, können wir uns bewusst dafür oder dagegen entscheiden, sie über unser eigenes Wirken zu verstärken. Im besten Fall erhöhen wir über den Blick auf Ideologie unser Verständnis dafür, wie wir die Welt wahrnehmen, wie wir diese Wahrnehmungen interpretieren – und welche Handlungen wir daraus ableiten. Wenn wir das schaffen, haben wir die Chance, bewusst zu entscheiden: Wollen wir so wahrnehmen, denken, handeln? Oder gibt es Alternativen? Und welche Ideologien und Ideen bieten uns dafür Orientierung?

Das gilt nicht nur auf individueller Ebene, sondern auch für die transformative Partei. Sie muss sich aus unserer Sicht unbedingt bewusst damit auseinandersetzen, wo sie sich im ideologischen Spektrum verortet und welche Weltanschauung sie damit stärken möchte. Wenn sie Ideologie hingegen als überkommenes Trümmerstück des 20. Jahrhunderts abtut, wird sie selbst zum Treibholz im Meer der Geschichte. Wer als »post-ideologisch« antritt und das als Grund nimmt, sich nicht bewusst damit auseinanderzusetzen, wo man sich als Partei ideologisch verortet – der vergibt die Chance, die ideologische Landkarte bewusst zu besetzen und, im besten Fall, im eigenen Sinn neu zu ordnen.

Die ideologischen Achsen des 21. Jahrhunderts

Die Ideologie des Post-Ideologischen konnte in den letzten Jahrzehnten auch deshalb so fest Fuß fassen, weil sich die ideologischen Achsen des 19. und 20. Jahrhunderts seit 1990 immer weiter auflösen. Unsere politische Landschaft ist geprägt von Orientierungslosigkeit und mitten in einem Prozess der ideologischen Neuordnung.

Das heißt aber nicht, dass Ideologie generell ein Thema von gestern sei. Das Gegenteil ist der Fall. Ideologien sind wirkmächtig wie eh und je. Und mehr als das: Mit Blick auf die transformativen Herausforderungen der kommenden Jahre und Jahrzehnte stehen wir absehbar vor einer Welle der Re-Ideologisierung. Wir gehen davon aus, dass die Hegemonie des Neoliberalismus in den letzten Dekaden in rasantem Tempo von einem Wettstreit der Ideologien abgelöst werden wird. Weil alle demokratischen Gesellschaften heftig darum streiten werden – streiten müssen –, welche grundsätzlichen Weichenstellungen nötig sind, um mit den Folgen von Klimakrise und globaler Ungleichheit umzugehen.

Vorerst besteht aber Orientierungslosigkeit. Sie ergibt sich daraus, dass das für lange Zeit wichtigste ideologische Spektrum – die Antipoden »links« und »rechts« – an Deutungshoheit und Bindungswirkung verloren hat. Die Klimakrise, der zunehmende Kampf um Freiheitsrechte, Rechtsstaatlichkeit und Demokratie sind mithilfe der Links-Rechts-Kategorie, so wie sie heute überwiegend verwendet wird, nicht zu bewältigen. Auch weil diejenigen, die politische Konflikte entlang der Links-Rechts-Achse austragen, vor allem darüber streiten, wie die Erträge des kapitalistischen Wirtschaftsmodells innerhalb der nationalen Grenzen verteilt werden. Sie lassen außer Acht, dass der Blick auf den nationalen Wohlstand mindestens gleichrangig ergänzt werden muss durch den Blick auf das Ökologische und eine globale soziale Perspektive.

Eine Konsequenz daraus ist die Instabilität der heutigen politischen Landschaft. Die Schwindsucht der politischen Mitte, das Sterben der Sozialdemokratie, die ständig neuen Protestbewegungen, der Wiederaufstieg des illiberalen Rechtsnationalismus: All das sind Symptome der Dynamik, mit der sich die ideologische Landkarte neu ordnet. Wie wird die ideologische Landkarte des 21. Jahrhunderts aussehen? Klar ist: Es zeichnen sich andere ideologische

Trennlinien ab als die, in denen wir – und die klassischen Parteien – in den vergangenen Jahrzehnten zu navigieren gelernt haben.

Wir sehen drei ideologische Hauptachsen, wenn wir auf die internationale politische Landschaft blicken. Aus unserer Sicht ergibt sich daraus die ideologische Landkarte, innerhalb derer sich jede transformative Partei wird verorten müssen.

Achse 1: Systemisches Wohlergehen vs. Nationalmaterialismus

Die Mehrheit der klassischen Parteien sieht es heute als ihre Hauptaufgabe, den ökonomischen Motor am Laufen zu halten, um das materielle Wohlstandsniveau im eigenen Land so hoch wie möglich zu halten. Wir nennen diese Ideologie Nationalmaterialismus. In den Augen dieser Kräfte hat sich, verkürzt gesagt, im Zweifel alles diesem Ziel unterzuordnen. Gleichzeitig wächst aber das Bewusstsein, dass die Klimakrise und die globale politische Ungleichheit unmittelbare Folgen dieser Ideologie sind. Als Alternative kristallisiert sich eine Weltanschauung heraus, die das systemische Wohlergehen im Blick hat; also eine Politik, die den globalen ökologischen und sozialen Bedarf als gleichrangig mit dem Ziel des ganzheitlich gedachten nationalen Wohlergehens versteht. Nationalmaterialistischer Wohlstand wird in dieser Perspektive nicht unwichtig. Er wird nur in ein anderes Verhältnis zu den bislang unbeachteten Bedürfnissen des Menschen, der Menschheit und des Ökosystems gebracht.

Achse 2: Freiheitlich-demokratisch vs. illiberal-autoritär

In den Jahren nach 1990 schien klar zu sein: Der Kapitalismus hat sich durchgesetzt und mit ihm der kulturelle Liberalismus des Westens. Rechtsstaatlichkeit, Freiheitsrechte, der Schutz von Minderheiten und so weiter. Das war ein Trugschluss. Der Kapitalismus ist heute *das* globale Wirtschaftsmodell. Aber er hat sich entkoppelt vom kulturellen Liberalismus, der auch in vielen demokratischen Ländern unter Beschuss steht. Nominell demokratische Regierungen untergraben die Institutionen des Rechtsstaats und bauen systematisch bürgerliche Freiheits- und Minderheitenrechte zurück. Auch in Ländern, wo das nicht der Fall ist, gibt es zunehmend politische Kräfte, die sich zum Ziel setzen, demokratischen Pluralismus einzuschränken. Hinzu kommt der zunehmende geopolitische Systemwettbewerb. Das autoritäre System Chinas wird von vielen als bessere Alternative genannt, wenn die Frage aufkommt, welches System am ehesten in der Lage ist, die Herausforderungen der kommenden Jahrzehnte zu bewältigen.

Innerhalb der Matrix, die sich aus diesen beiden Achsen ergibt, haben wir die wichtigsten klassischen Parteien verortet. Für die vertikale Achse haben wir uns die Frage gestellt, wie die Parteien mit Blick auf eine nationalmaterialistische Einstellung beziehungsweise mit Blick auf ein systemisches Wohlergehen verortet sind. Die horizontale Achse bildet ihr Verhältnis zu Rechtsstaatlichkeit, Freiheitsrechten und dem Schutz von Minderheiten ab. Das ist kein wissenschaftliches Modell und auch keine wissenschaftliche Analyse der Parteien und ihrer Programme, aber gut genug, um einen ersten Eindruck der neuen ideologischen Landkarte zu gewinnen.

Was im Ergebnis auffällt: Parteien, die sich im Links-Rechts-Spektrum als Antagonisten verstehen (Linke, Union, SPD und FDP), sind in der ideologischen Matrix des 21. Jahrhunderts auffallend nah beieinander. Warum? Weil das Primat des Nationalmaterialismus für die Mehrheit der klassischen Parteien in Deutschland unumstritten ist, ebenso wie – zum Glück – die Verortung im demokratisch-freiheitlichen Spektrum.

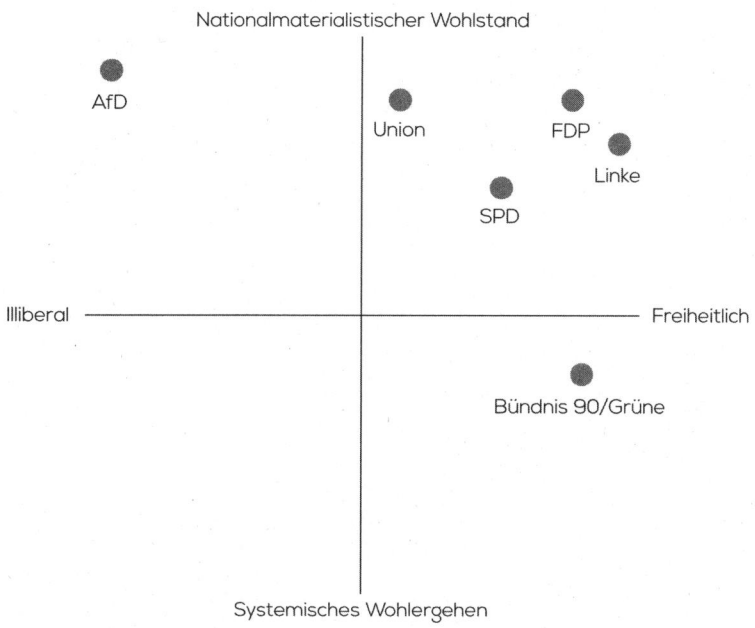

Den klassischen Parteien im Quadranten *nationalmaterialistisc–freiheitlich* ist gemein, dass sie trotz der existenziellen systemischen Herausforderungen weiterhin ein Politikverständnis haben, das primär auf den nationalmaterialistischen Wohlstand ausgerichtet ist. Sie mögen zwar in unterschiedlichem Grad bereit sein, die ökologischen und sozialen Folgeerscheinungen des auf die Maximierung des eigenen materiellen Wohlstands ausgerichteten Wirtschaftens auszubalancieren. Den Rahmen des Wirtschaftssystems selbst stellen sie jedoch nicht oder nur in sehr allgemeinen Absichtserklärungen infrage.

Beim Blick auf die Matrix mag überraschen, dass, als auffälligstes Beispiel, FDP und Linkspartei so nah beieinanderstehen. Aber bei genauerem Hinschauen hat das Bestand. Unstrittig ist, dass beide Parteien ähnlich verortet sind, wenn es um Rechtsstaatlichkeit, bürgerliche Freiheitsrechte und den Schutz von Minderheiten geht. Aber auch beim Blick auf die vertikale Achse erkennen wir, dass beide Parteien nicht sonderlich weit auseinanderliegen. Beide, FDP wie Linkspartei, haben vor allem den nationalmaterialistischen Wohlstand im Blick – auch wenn sie unterschiedliche Vorstellungen davon haben, wie dieser erreicht und verteilt werden soll. Die globale soziale und die ökologische Perspektive haben für die beiden Parteien aber keine Priorität, weshalb sie in der Gesamtschau näher beieinanderstehen, als wir, geprägt vom Rechts-Links-Schema, selbst zunächst gedacht hätten.

In der Matrix gibt es nur zwei Ausreißerinnen. Die AfD, die stark illiberal verortet ist. Und die Grünen, die durch ihre ökologische Perspektive deutlich systemischer auf Politik blicken als die nationalmaterialistischen Wettbewerberinnen.

Ein deutlich vielfältigeres Bild ergibt sich, wenn wir die ideologische Landkarte mit internationalen Parteien bestücken. Teils: leider. Denn gerade der Quadrant *nationalmaterialistisch–Illiberal* ist ziemlich gut gefüllt mit Parteien wie der PiS aus Polen, Fidesz aus Ungarn oder Donald Trumps Republikanern. Auch die von Sebastian Kurz auf Personenkult getrimmte ÖVP findet sich hier wieder.

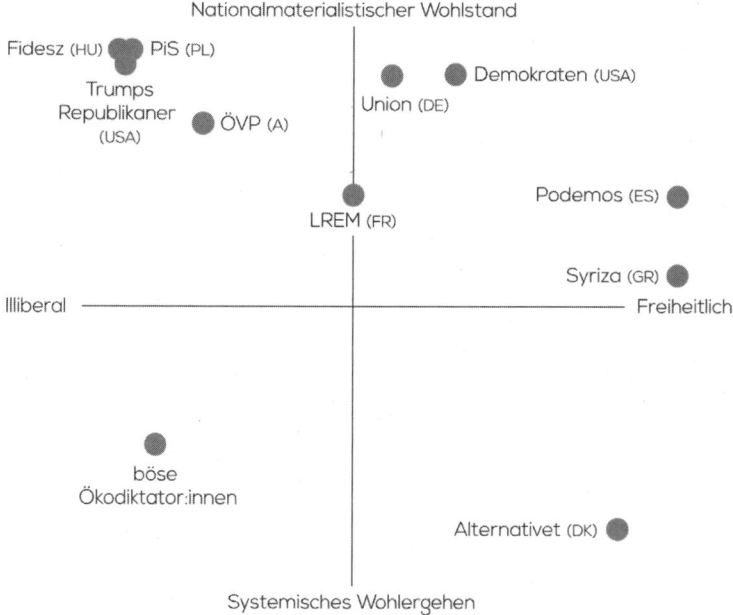

Im *systemisch-freiheitlichen* Spektrum haben wir die dänische Partei Alternativet gefunden. Diese kleine Partei ist aktuell in der zweiten Legislatur im dänischen Parlament. Seit ihrer Gründung hat sie sich auf die Fahnen geschrieben, eine Politik zu machen, die das systemische Wohlergehen im Blick hat. Sie ist eines der wenigen Beispiele für eine Partei, die das Paradigma des Nationalmaterialismus der klassischen Parteien hinter sich gelassen und trotzdem Wähler:innen-Zuspruch gefunden hat. Neben einigen grünen Parteien, die – wenn auch weniger entschlossen als Alternativet – deutlich stärker als die meisten Wettbewerberinnen darauf drängen, die ökologische Perspektive mit der des nationalmaterialistischen Wohlstands zumindest gleichzustellen.

Im Quadranten *Systemisches wohlergehen–Illiberal* ist uns keine relevante Partei eingefallen. Bis uns aufgefallen ist, dass hier die bösen Ökodiktator:innen zu vermuten wären, die im öffentlichen Diskurs rund um die Klimakrise immer eifrig als Angstbild bemüht werden. Also die Kräfte, die zugunsten einer wirksamen Klimapolitik bereit wären, uns alle bürgerlichen Freiheiten zu nehmen und eine Verhaltensveränderung vor allem über Zwang zu erreichen. Erstaunlich, dass uns kein Beispiel für eine solche Partei eingefallen ist, obwohl viele Parteien im *nationalmaterialistisch-liberalen* Spektrum ihr Bestes tun, diese nicht existierenden Kräfte als echte Gefahr an die Wand zu malen!

Jenseits der Nischenlogik: Die Trennlinie transformativ–inkrementell

Was hat all das mit der transformativen Partei zu tun? Die Antwort klassischer Parteistrateg:innen wäre, dass sie als neue Kraft vor der Herausforderung steht, innerhalb dieses ideologischen Spektrums einen Platz zu besetzen, der aktuell noch unbelegt ist. Dem liegt die Idee der »Marktlücke« zugrunde: Als neuer Spieler sollte man dorthin gehen, wo noch Platz ist. Dorthin, wo man als neue Kraft problemlos erklären kann, was einen von den politischen Wettbewerberinnen unterscheidet.

In dieser Logik wäre die transformative Partei schlecht beraten, sich in Deutschland im *nationalmaterialistisch–freiheitlichen* Feld zu verorten. Da bewegen sich schließlich die meisten klassischen Wettbewerberinnen, alles bekannte »Marken«. Folglich müsste sich die transformative Partei im noch ganz freien Quadranten *systemisches Wohlergehen–Illiberal* verorten, mit den Grünen um Aufmerksamkeit streiten im Spektrum *systemisches Wohlergehen–freiheitlich* oder aber mit der AfD im Quadranten *nationalmaterialistisch–Illiberal.*

Wir glauben: In dieser Nischenlogik zu denken ist ein gigantischer Trugschluss. Und zwar, weil die bisher beschriebene ideologische Landschaft ein wesentliches Differenzierungsmerkmal außer Acht lässt, das aus unserer Sicht aber der echte politische *Gamechanger* sein kann. Damit gemeint ist eine weitere Dimension der ideologischen Landkarte des 21. Jahrhunderts: die Unterscheidung zwischen transformativ und inkrementell.

Die Trennlinie *transformativ–inkrementell* ist keine dritte ideologische Achse. Sie verläuft als Trennlinie *innerhalb* der Achsen, die sich mit Blick auf die ersten beiden ideologischen Pole ergeben. Die Dimension *transformativ–inkrementell* definiert, für welches Politikverständnis die jeweiligen politischen Akteur:innen stehen. Verstehen sie Politik als das Umsetzen schrittweiser, inkrementeller Verbesserungen *innerhalb* des bestehenden wirtschaftlichen und politischen Rahmens? Oder gehen sie davon aus, dass *der Rahmen selbst* verändert werden muss, und treten somit für einen transformativen, deutlich grundsätzlicheren Zugang zu Politik ein?

Wir halten diese Dimension in der aktuellen politischen Debatte für massiv unterbelichtet. Dabei entscheidet sich gerade hier, welchen Wirkungsgrad eine politische Partei anstrebt. Bekämpft sie die Wurzeln der Herausforderungen unserer Zeit, oder bekämpft sie vor allem die Symptome, die aus ihnen erwachsen?

Nehmen wir ein Beispiel auf nationaler Ebene. In Deutschland arbeiten 7,7 Millionen Menschen im Niedriglohnsektor, verdienen also weniger als 11,40 Euro brutto pro Stunde. Das ist mehr als ein Fünftel aller Beschäftigten, darunter überproportional viele Frauen. Bei rund einer Million Menschen ist das Gehalt sogar so niedrig, dass sie regelmäßig zum Jobcenter müssen, um ihren Lohn aufstocken zu lassen. Eine zutiefst ungerechte Situation in einem der reichsten Länder der Welt. Die Linke fordert deswegen eine Anhebung des

Mindestlohns – und doktert damit lediglich an den Symptomen eines grundlegend kranken Systems herum. Sie bewegt sich weiter in einem Rahmen, in dem Ausbeutung normal ist. Nur etwas weniger Ausbeutung, das wäre gut.

Eine transformative Partei würde dagegen den Rahmen radikal infrage stellen, der eine solche Situation erzeugt. Und in Folge etwa eine Demokratisierung von Unternehmen fordern, wie es zum Beispiel der griechische Politiker Yanis Varoufakis tut: Mitarbeiter:innen sollen selbst darüber abstimmen, wie Budgets für Löhne, Boni, Investitionen und Entwicklung verteilt werden. Dies würde die aktuell ausschließlich top-down gesteuerten Dynamiken der Lohnverteilung auf den Kopf stellen – und, so die Annahme, dazu führen, dass sich die Schere zwischen dem Gehalt von Geschäftsführer:innen und dem von Pförtner:innen so weit verkleinert, dass sie erträglich wird. Im Ergebnis stünden neue Grundregeln, was das Festsetzen von Löhnen und Gehältern betrifft. Und damit neue Rahmenbedingungen, die Diskussionen über die Erhöhung des Mindestlohns um ein paar Cent dauerhaft ausschließen.

Ähnlich sieht es aus, wenn wir den Blick über den nationalen Tellerrand hinweg weiten. So sind innerhalb der SPD und der CDU viele der Meinung, dass Fluchtursachen bekämpft werden müssen, um die Zahl von Flüchtlingen zum Beispiel aus afrikanischen Ländern reduzieren zu können. Die Inkrementalist:innen schlagen vor, über Direktzahlungen und entwicklungspolitische Programme die Lebenssituation vor Ort schrittweise zu verbessern. Der bestehende politische Rahmen wird so nicht angetastet, aber innerhalb des Rahmens werden Ressourcen anders verteilt als bislang. Wer transformativ denkt, setzt hingegen beim Rahmen an. So argumentieren viele, dass Freihandelsabkommen der EU mit afrikanischen Ländern dafür sorgen, dass diese Länder keinen nachhaltigen Wohlstand aufbauen können. Ihre Märkte werden überflutet von europäischen, massiv mit Steuermitteln subventionierten Produkten, gegen die lokale Unternehmen keine Chance haben. Statt eigene Industrien aufbauen zu können, damit die Wertschöpfung im Land stattfindet, bleibt lediglich der Export von Rohstoffen nach Europa. Im Ergebnis entsteht so eine Situation, die verschiedenen afrikanischen Ländern die eigene wirtschaftliche Entwicklung systematisch erschwert. Migration nach Europa ist die logische Folge. Nur die grundsätzliche Veränderung der Handelsbeziehungen und die Abkehr von neokolonialen Freihandelsabkommen könnten dazu führen, dass sich das ändert. Das jedoch braucht einen grundsätzlichen, transformativen Eingriff in die Struktur des europäischen Wirtschaftssystems.

Beide Beispiele zeigen, dass inkrementelle und transformative politische Kräfte – bei gleichlautender Analyse der Ausgangslage! – zu höchst unterschiedlichen politischen Schlussfolgerungen kommen. Das führt zu einem Bild, das deutlich komplexer ist als die bloße Verortung bestehender Parteien auf den ideologischen Achsen. Wer die Dimension *inkrementell–transformativ* mitdenkt, erkennt: Zwei Parteien können sich im Quadranten *nationalmaterialistisch–freiheitlich* wiederfinden. Aber ihr Politikverständnis kann grundsätzlich verschieden sein, und damit auch das Programm, das zur Wahl steht. Und das, obwohl die beiden Parteien auf den ersten Blick auf einer vergleichbaren Position im ideologischen Spektrum stehen.

Daraus folgt, dass quer durch die jeweiligen ideologischen Lager eine Trennlinie läuft. Sie unterscheidet diejenigen, die in der zweidimensionalen Betrachtung nah beieinanderstehen: in diejenigen, die Politik als Kunst der Trippelschritte sehen, auf der einen Seite. und diejenigen, die Politik als Mittel zur grundsätzlichen Veränderung sehen, auf der anderen.

Wir haben die nationalen und europäischen ideologischen Lager, wie oben besprochen, anhand der jeweiligen Ausprägung *inkrementell–transformativ* markiert. Die Codierung zeigt dabei jeweils, wie stark das Politikverständnis der jeweiligen Parteien transformativ oder inkrementell geprägt ist. Hellgrau und Dunkelgrau mit Querstreifen stehen für einen stark oder grundsätzlich inkrementellen Zugang zu Politik, Dunkelgrau mit Längsstreifen und Schwarz für ein grundsätzlich oder stark transformatives Politikverständnis. Für die Bewertung haben wir uns gefragt, ob die jeweilige Partei eher Ursachen oder Symptome bekämpft, Spielregeln grundlegend oder nur im Detail ändert und ob sie bestehende Machtverhältnisse eher ändert oder stützt.

Interessant finden wir hier vor allem zwei Dinge. Zum einen zeigen die Grafiken, dass »transformativ« nicht gleichbedeutend ist mit »gut«. Die AfD strebt als Partei an unterschiedlichen Stellen Reformen an, die unsere Gesellschaft grundsätzlich verändern würden. Wir meinen: in eine beschissene Richtung, aber eindeutig transformativ.

Zweitens sehen wir, dass die klassischen Parteien, die aktuell in Bund und Land Regierungen stellen, zum größten Teil einem inkrementellen Politikverständnis anhängen. Sie versuchen, den systemischen Herausforderungen unserer Zeit durch Verbesserungen innerhalb des bestehenden Rahmens zu begegnen. Die Grundregeln des wirtschaftlichen und politischen Systems berühren sie aber nicht. Und das, obwohl – beispielsweise – Teile der SPD und der Linken durchaus das globale Handelssystem oder die deutschen Sozialsysteme kritisieren. Aber ihr inkrementelles Politikverständnis hindert sie daran, darauf mit transformativen Antworten zu reagieren, die zu einer grundsätzlichen Veränderung führen würden.

Der Blick auf die codierte europäische Matrix verdeutlicht: Wir sind gerade in der ziemlich beängstigenden Lage, dass transformative Politik stark von Parteien mit illiberaler Agenda gemacht wird, die die politische Landschaft ihres Landes dadurch massiv prägen.

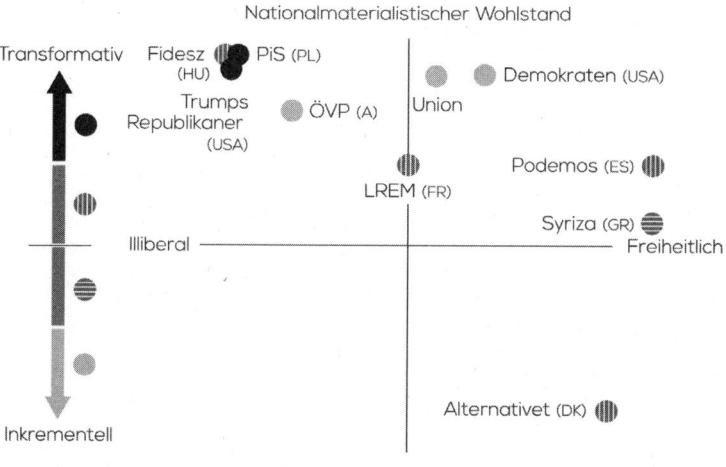

Keine Angst vor Wettbewerb: Die ideologische Positionierung

Was folgt daraus für die transformative Partei? Wir glauben: eine elementar wichtige strategische Erkenntnis. Sie muss sich eben nicht darauf reduzieren, Lücken im politischen »Markt« zu besetzen. Sondern sie muss den Prozess vom Kopf auf die Füße stellen. Zuallererst steht sie – aus unserer Sicht direkt im Gründungsmoment – vor der Aufgabe, für sich zu klären, wo sie ideologisch steht.

Damit meinen wir die eindeutige Positionierung auf den drei Achsen. Wenn die Partei weiß, mit welcher Weltanschauung sie Politik machen will, kann sie sich auf der ideologischen Landkarte der Parteienlandschaft verorten. Dabei kann es sein, dass eine andere Partei auf einem ähnlichen ideologischen Punkt unterwegs ist. Das ist aber dann kein Problem, wenn es eine klare Unterscheidbarkeit mit Blick auf die dritte Dimension gibt, also die Dimension *inkrementell–transformativ*. Wenn die politische Wettbewerberin einen inkrementellen Politikansatz verfolgt, kann die transformative Partei sich über ein anderes Politikverständnis abgrenzen. Und verschiebt so den politischen Diskurs: weg von der Hegemonie des Trippelschritts hin zu grundsätzlichen politischen Veränderungsvorschlägen.

Wir haben anhand der nationalen ideologischen Landkarte zwei Beispiele hierfür gemacht. Das erste Beispiel, die Transformative Partei 1 (TP 1), steht ideologisch an vergleichbarer Stelle wie die hochgradig inkrementalistische SPD. Die neue Partei unterscheidet sich vor allem durch die Grundsätzlichkeit ihrer politischen Veränderungsvorschläge, obwohl das weltanschauliche Fundament dem der Sozialdemokratie an vielen Stellen ähnelt. Ähnlich sieht es mit der Transformativen Partei 2 (TP 2) aus. Sie steht an ähnlicher Stelle wie Bündnis 90/Die Grüne, grenzt sich aber durch ein noch transformativeres politisches Selbstverständnis von der Wettbewerberin ab.

Nationalmaterialistischer Wohlstand

Transformativ

AfD

Union

FDP

Linke

SPD

TP 1

Illiberal ——————————————————— Freiheitlich

Bündnis 90/Grüne

TP 2

Inkrementell

Systemisches Wohlergehen

Ideologie ist nicht alles

Die obigen Gedankenspiele sollen zeigen: Die transformative Partei hat ein gewaltiges Erfolgspotenzial, sofern sie sich nicht von einer verfehlten Marketinglogik begrenzen lässt. Auf der politischen Landkarte unserer Zeit ist viel Platz für Parteien, die mit transformativem Anspruch Politik machen, also den Rahmen unserer Gesellschaft grundsätzlich hinterfragen und Vorschläge machen, wie er umgebaut werden sollte.

Gerade weil die politische Landkarte viel Platz für neue Parteien lässt, halten wir es für wichtig, dass transformative Parteien sich eindeutig ideologisch verorten. Auch wenn das manchmal unbequem ist, Gegenwind bedeutet, manchen Kompromiss erschwert. Aber mehr ideologische Beliebigkeit braucht gerade keiner. Was wir brauchen, sind der Mut zur klaren strategischen Orientierung und grundsätzlicher politischer Gestaltungswille.

Und trotzdem gilt: Ideologie ist nicht alles. Ja, sie hilft dabei, eine Identität als Partei zu definieren und strategische Schwerpunkte zu setzen. Aber Klarheit über die Ideologie macht noch keine gute, geschweige denn erfolgreiche Partei. Um als Organisation erfolgreich zu sein, braucht es mehr. Den Purpose, zum einen. Dazu kommen aber noch Werte, die Haltung und Zusammenarbeit innerhalb der Partei prägen und ausrichten. Ihnen widmen wir uns im nächsten Kapitel.

Ein Ort, der guttut: Hebel für die transformative Parteikultur

Ein Berliner Sommerabend vor ein paar Jahren. Ich, Hanno, mache mich auf den Weg in den Berliner Südwesten. Der dortige Vorsitzende des SPD-Ortsvereins, ein Bekannter von mir, hat mich gebeten, mit den Mitgliedern über die Zukunft politischer Parteien zu sprechen. Ich betrete einen Raum in einer Vereinsgaststätte. Hinter zu einem großen U gestellten Tischen sitzen zahlreiche Männer, mehrheitlich über sechzig, ergänzt durch einige jüngere Männer und eine ältere Dame. Mit Ausnahme des Ortsvereinsvorsitzenden grüßt niemand, keiner steht auf, keiner stellt sich vor. Das setzt den Ton für den Abend. Während meines Inputs rufen einige der offensichtlich erhitzten Herren »Unfug« und »Schwachsinn«. Ich bin neugierig, was die Emotionen so hochtreibt. Als wir ins Gespräch gehen, betonen die älteren Herrschaften ihre Ehrentitel (einige waren mal Professoren an der nahen Freien Universität) und ihre jahrzehntelange SPD-Mitgliedschaft, verbunden mit der im- und expliziten Frage, was ich ihnen eigentlich über Parteien zu erzählen hätte. Ob ich nicht wisse, dass ... und ob mir nicht bewusst sei, dass ... und überhaupt wisse doch jeder, dass ...

Was mich in diesem ohnehin unsäglichen Gespräch weiter schockiert, ist die Art und Weise, mit der viele der älteren Mitglieder mit den jüngeren Genoss:innen umgehen. Belehrend im Tonfall, herablassend in der Körpersprache. Sie fallen den Jüngeren ins Wort, wenn sie sich endlich mal zu reden trauen. Offenbar ist das Rumgerüpel mir gegenüber gar nicht persönlich gemeint, sondern diese Genossen gehen mit allen so um, die kürzer dabei und jünger sind als sie.

Nach einer Weile entscheide ich mich, nicht mehr mitzuspielen – und wechsele die Gesprächsebene. Ich schildere der Gruppe, was ich als Gast sehe, höre und erlebe: permanente Wertung und Herabsetzung; ein über Jahrzehnte eingespieltes Normal, das Neuen und anderen Meinungen wenig Raum lässt. Ich frage die Runde: »Wenn ihr so sogar mit geladenen Gästen umgeht – wie geht ihr dann mit ungeladenen Interessent:innen um, die anders drauf sind als ihr?« Im Raum: Stille. Und dann die Aufforderung, doch bitte wieder zur Sachebene zurückzukehren.

Nach Abschluss der ziemlich unangenehmen Abendveranstaltung steige ich auf mein Rad, fahre zum See in der Nähe, kühle Kopf, Herz und Körper ab. Und stelle mir die Frage: Wie kann es sein, dass eine Partei, die Solidarität und Gerechtigkeit als Grundwerte hochhält, so eine »Kultur« des zwischenmenschlichen Umgangs pflegt? Da passen Anspruch nach außen und gelebte Wirklichkeit im Inneren doch irgendwie wenig zusammen. In den Tagen danach spreche ich befreundete SPD-Mitglieder darauf an, wie es in ihrer Partei zu so einer Kluft kommen konnte. Und verstehe: Die Grundwerte Freiheit, Solidarität und Gerechtigkeit sind für sie vor allem für die programmatische Verortung ihrer Partei wichtig. Nach innen, in der parteiinternen Zusammenarbeit, gelten andere Werte. Werte, die nirgends geschrieben stehen, aber trotzdem (oder gerade deshalb) äußerst wirkmächtig sind. Werte wie Durchhaltevermögen. Kampfbereitschaft. Dickhäutigkeit.

Welche Begriffe auch immer kommen, es ist klar: Die SPD-Mitglieder, mit denen ich spreche, machen weiter mit, *obwohl* die Zusammenarbeit innerhalb ihrer Partei ist, wie sie ist. Für sie gilt als gesetzt: Wer die programmatischen Werte der Partei verwirklichen möchte, muss im Zweifel erst mal leiden. Und zwar nicht primär unter den Verhältnissen des Kapitalismus, sondern vor allem unter den eigenen Parteifreund:innen.

Warum Kultur für transformative Parteien zentral sein muss

Das Beispiel beschreibt, was passiert, wenn sich in Parteien eine schlechte Kultur des zwischenmenschlichen Umgangs etabliert. Wenn die nach außen proklamierten Werte im Inneren nicht gelebt werden. Wenn das, was im Miteinander als »normal« gilt, Hürde ist für gute Zusammenarbeit, vertrauensvolle Kommunikation und so weiter.

Wir wissen: Es geht auch anders! Jede Gruppe von Menschen – und damit auch jede Organisation – hat es in der Hand, wie sich ihre Kultur entwickelt. Die fällt nämlich nicht vom Himmel, sondern ist menschengemacht. Und damit auch durch Menschen veränderbar. Das gilt auch für politische Parteien.

Was meint Kultur? Edgar H. Schein, ein Organisationsentwickler, sagt, dass Organisationskultur unterschiedliche Ebenen umfasst. Erstens fundamentale Faktoren wie Weltbild oder gesellschaftspolitische Grundannahmen, die innerhalb der Organisation gelten (»So ist es.«). Zweitens die Ebene der geschriebenen und ungeschriebenen Werte, Normen und Regeln (»So ist es richtig, so machen wir das.«). Und drittens die habituelle Ebene, also Verhalten, Sprachmuster oder Kleidungsstile (»Hieran erkennen wir uns.«). Alle drei Ebenen sind äußerst wirkmächtig. Es macht einen riesigen Unterschied, welche Annahmen, Normen und Verhaltensweisen jeweils »normal« sind.

Deshalb stellt sich die Frage: Wie bekommt man als Partei ein »gutes Normal« *kultiviert?* Eine Parteikultur, in der Menschen gerne aktiv dabei sind, gerne Lebenszeit verbringen? In der Menschen aufblühen, sich entfalten und gemeinsam entwickeln? Das klingt anspruchsvoll, muss aber aus unserer Sicht die Messlatte sein. Aus zwei Gründen: Erstens hat eine transformative Partei die Aufgabe und den Anspruch, und Anspruch, Herausforderungen zu gestalten, für die es keine Patentrezepte gibt. Umso wichtiger ist es daher, dass sie auf diese Herausforderungen adaptiv reagieren kann. Das bedeutet: bestehende Überzeugungen, Perspektiven und Lösungsansätze hinterfragen und, wo nötig, neue entwickeln. Wer das schaffen will, braucht eine Kultur, in der es normal ist, bisherige Herangehensweisen zu hinterfragen und gemeinsam neue Ideen zu entwickeln. Ein kulturelles Normal, das gleichzeitig durch Offenheit und Sicherheit geprägt ist. Die Offenheit, sich selbst zu hinterfragen, neue Perspektiven zu verstehen und Unfertiges in den Raum zu stellen. Und die Sicherheit, dass diese Offenheit von anderen Mitgliedern nicht als Schwäche ausgelegt wird, sondern als wichtigster Schritt, um gemeinsam etwas Neues entwickeln zu können. Nur wenn das gegeben ist, kann eine Partei aus unserer Sicht nachhaltig transformativ wirken. Weil sie so im Inneren den Raum für grundlegende Entwicklung aufmacht, der Grundlage ist, um gesellschaftlich langfristig transformativ wirken zu können.

Der zweite Grund, einfacher und genauso wichtig: Parteien sind Orte, an denen Menschen ehrenamtlich Lebenszeit und Lebensenergie investieren. Deshalb sollte es aus unserer Sicht selbstverständlich sein, dass dieser Ort einer ist, der den Menschen guttut, die sich dort engagieren. Und guttun, das heißt für uns, dass menschliches Wachstum und Entwicklung möglich sind und der zwischenmenschliche Umgang von Vertrauen und Spaß geprägt ist. Nur wenn das der Fall ist, gibt es die Chance, dass Menschen über lange Zeit hinweg gerne aktiv bleiben.

Werte als Hebel: Der Unterschied zwischen programmatisch und kulturell

Wir haben schon besprochen, wie zentral ein klarer, kraftvoller Purpose für transformative Parteien ist. Für ebenso wichtig halten wir Werte, die auf diesen Purpose einzahlen und ihn Tag für Tag mit Leben füllen. Solche Werte sind das zentrale Fundament eines guten Miteinanders – und der beste Hebelpunkt, um von Anfang an eine gute Parteikultur zu etablieren.

Werte sind letztlich nichts anderes als die Kehrseite des Purpose. Wenn der Purpose der Nordstern ist, sind Werte so etwas wie der Kompass, der ständig beim Halten des Kurses hilft. Sie beschreiben, was der Organisation mit Blick auf die Zusammenarbeit im Inneren besonders wichtig ist: »So wollen wir miteinander umgehen, so wollen wir zusammenarbeiten.« Kerneigenschaften der gemeinsamen Kultur also, denen die transformative Partei besonders viel Wert beimisst und damit auch im Alltag besonders viel Aufmerksamkeit schenkt. Nicht als Selbstzweck, sondern in dem Wissen, dass eine gute Kultur von Beginn an viel Achtsamkeit und ständige Pflege benötigt – und dass uns Werte genau dabei unterstützen.

Nun sind Werte natürlich nichts Neues. Auch die klassischen Parteien haben in der Regel Werte, die besonders wichtig sind für ihre jeweilige Identität. Bei der SPD, um bei dem Beispiel zu bleiben, sind es Freiheit, Solidarität, Gerechtigkeit. Solche Werte sind wichtiger Teil des Selbstverständnisses der klassischen Parteien. Aber, und das ist wichtig, diese Werte sind *programmatische Werte*. Sie richten sich vor allem nach außen, in Abgrenzung zu den politischen Wettbewerbern: Freiheit für die FDP, Gerechtigkeit für die SPD, Ökologie für die Grünen und so weiter. Dazu dienen diese programmatischen Werte zum Abgleich nach innen, wenn es darum geht, welche politische Forderung oder Handlungsoption zum Profil der Partei passt – und welche nicht.

Es ist sinnvoll, programmatische Werte zu haben. Sie übersetzen den Purpose in inhaltliche Schwerpunkte, die wiederum der strategischen Verortung dienen. Aber viel wichtiger sind aus unserer Sicht *kulturelle Werte*. Das sind die Werte, die im zwischenmenschlichen Umgang innerhalb der Partei besonders handlungsleitend sind. Hier geht es um Begrifflichkeiten, die Haltung und Miteinander in den Blick nehmen. Das können Werte sein wie Respekt, Spaß, Schnelligkeit, Authentizität, Mut, Idealismus, Ehrlichkeit ... eine ganz andere Ebene von Werten also als die der programmatischen Werte.

Nehmen wir die SPD als Beispiel, um den Unterschied zwischen programmatischen und kulturellen Werten zu verdeutlichen. Gerechtigkeit, Solidarität und Freiheit mögen nach außen hin akzeptierte Grundwerte der SPD sein. Aber es fehlt das Gegenstück nach innen – Werte, die dafür Sorge tragen, dass es auch im Alltag der Parteiarbeit gerecht und solidarisch zugeht. Aus unserer Sicht ist das ein Fehler. Denn der Gleichklang aus programmatischen und kulturellen Werten ist wichtig. Kulturelle Werte geben ein Stück weit den Rahmen des Miteinanders vor und schaffen so die Grundlage dafür, ein Miteinander im Inneren zu schaffen, das Erfolg im Außen ermöglicht. Wenn sie mit Leben gefüllt und am Leben gehalten werden, verhindern kulturelle Werte zwischenmenschliche Trauerspiele wie in der Geschichte am Beginn dieses Kapitels. Ein Trauerspiel, wohlgemerkt, das kaum jemand will und das keinem so richtig Spaß macht.

Übrigens ist die Frage gar nicht, *ob* eine transformative Partei sich Werte gibt – sondern nur, ob sie es bewusst und in einem guten Prozess tut. Denn: Jede Organisation folgt Werten, auch wenn sie offiziell nie welche beschlossen hat. Wer keine Werte hat, der etabliert auf informellem Weg welche. Und die prägen die Zusammenarbeit dann mindestens genauso stark wie offiziell definierte Werte. Erinnern wir uns an das Beispiel des SPD-Ortsvereins. Dort waren informelle Werte wie Durchsetzungsstärke oder Unverletzlichkeit handlungsprägend, obwohl die Partei sie nie als Wert benannt geschweige denn gutgeheißen hat. Warum? Weil die Partei es versäumt hat, geteilte kulturelle Werte zu etablieren und mit Leben zu füllen. In dieses Vakuum sind dann die informellen Werte gerückt, die heute prägend sind für die tendenziell unerfreuliche Kultur der Zusammenarbeit innerhalb der SPD.

Die transformative Partei kann sich ein solches Vakuum nicht leisten. Sie ist existenziell auf eine Kultur angewiesen, in der eine andere Art von Umgang und Zusammenarbeit die Regel ist. Entsprechend braucht es Werte, die ebendiese Kultur befördern. Umso wichtiger, dass transformative Parteien noch *vor* der offiziellen Gründung explizit festlegen, welche Werte in der Zusammenarbeit besonders wichtig sein sollen.

Die Auswirkung von Werten auf die Parteistruktur

Dass gemeinsam akzeptierte Werte wichtig sind für eine gute Kultur, sehen wir also als gesetzt. Doch der Nutzen von Werten geht über das Kulturelle hinaus. Wer Werte früh und bewusst definiert, hat die Chance, die Parteiorganisation entsprechend dieser Werte zu designen. Kulturelle Werte sind ideale Leitplanken für Strukturen und Prozesse. Damit gemeint ist: Eine Partei, die »Partizipation« als leitenden Wert hat, braucht andere Strukturen und Prozesse als eine, die »Schnelligkeit« als Wert benennt. Denn: Wer wirklich schnell sein will, muss Strukturen und Abläufe bauen, die auf diesen Wert einzahlen. Wer hingegen Partizipation hochhält, braucht Strukturen und Abläufe, die vor allem die gute Einbindung der Mitglieder sicherstellen.

Je nachdem, welche Werte gelten, entstehen also sehr unterschiedliche Typen von Organisationen. Und das ist gut so. Denn wer den eigenen Werten einen solch hohen Wert beimisst, verhindert den Aufbau der Parteiorganisation im Autopiloten. Wenn ich eine Organisation bauen will, die Partizipation hochhält, muss ich mir genau überlegen, was Führung in der Partei bedeutet; welche Art von Prozessen Beteiligung sinnvoll organisiert; wo Partizipation vielleicht nicht gilt und so weiter. All diese Aspekte sind strukturbildend – weshalb das Gespräch über Werte vor allem dann Wirkung entfaltet, wenn die Organisation noch nicht gebaut worden ist.

Kulturelle Werte sind aber nicht nur kultur- und strukturbildend. Sie sind auch ein wichtiger Vorfilter dafür, wer aktiv in der Partei mitmacht – und wer nicht. Wir werden später noch darauf zu sprechen kommen, dass Wachstum für eine junge Partei schnell tödlich sein kann. Nämlich dann, wenn in der frühen Phase Menschen an Bord kommen, deren Haltung, Umgang und Arbeitsweise mit dem brechen, was der Partei eigentlich guttäte. Klar definierte und ausbuchstabierte kulturelle Werte können hier helfen, eindeutige Vorfilter zu setzen und, wo nötig, die Notbremse zu ziehen. »Wenn du nicht bereit bist, diese Werte ernst zu nehmen, dann ist hier nicht der richtige Platz für dich« – diese Botschaft sollte klar formuliert sein.

Natürlich gilt diese Botschaft nicht nur für »Neue«. Kulturelle Werte sind auch ein ständiger Bezugspunkt für die Aktiven, die schon länger mit an Bord sind. Wenn Werte ein aktiver Bezugspunkt sind, hilft das, schnell anzusprechen, wenn die Art des Umgangs in eine Richtung geht, die eben nicht zu den Werten der Partei passt. So können kulturelle Entwicklungen in die falsche Richtung schnell erkannt, benannt und verändert werden. Das ist wichtig. Denn eine gute Kultur braucht viel Aufmerksamkeit und Pflege, um gut zu bleiben. Das braucht die Mitwirkung von allen. Umso wichtiger, allen Werte an die Hand zu geben, die tragen.

Wer entscheidet über die Kultur?

So viel zum Loblied auf kulturellen Werten. Jetzt bleibt noch die Frage: Wie kommt eine transformative Partei zu kulturellen Werten, die tragen? Und: Wer hat überhaupt das Mandat, diese Werte festzulegen? Wir haben oben schon angesprochen, dass kulturelle Werte sehr früh festgelegt werden müssen. Im Falle einer Neugründung heißt das: von ziemlich wenigen Menschen. Schließlich ist die transformative Partei zu diesem Zeitpunkt quasi noch im Embryonalzustand. Sie ist im Werden, noch nicht einmal formal gegründet. Wie beim Purpose auch, obliegt diese Weichenstellung also den Gründer:innen der ersten Stunde.

Ist das ein Problem? Ist es nicht irgendwie undemokratisch, wenn so wenige beteiligt sind und Engagierte vor geschaffene Tatsachen gestellt werden? Wir denken nicht. Es spricht aus unserer Sicht eher für ein starkes Verantwortungsbewusstsein der Gründer:innen, wenn sie das Thema kulturelle Werte nicht nur besprechen, sondern auch entscheiden. Denn wenn Purpose, Werte und ein paar andere Themen einmal geklärt sind, ist auch für Engagierte und Sympathisant:innen transparent: »Okay, so läuft es bei denen.« Diese Menschen können dann überlegen, ob sie in dem bestehenden Rahmen mitmachen wollen oder eben nicht. So erspart sich die transformative Partei auch die – oder, realistischerweise, zumindest Teile der – absorbierenden Gruppenprozesse zur Seelensuche, für die junge Organisationen besonders anfällig sind.

Wir glauben also, dass allen gedient ist, wenn Gründer:innen die Entscheidungen früh treffen, die maßgeblich über die Seele des Parteilebens entscheiden. Wichtig ist dabei, dass diese überschaubare Gruppe von Menschen die wichtigen Entscheidungen der ersten Wochen und Monate gemeinsam trägt. Hier braucht es einen echt gemeinschaftlichen Prozess. Nicht als Selbstzweck, sondern weil sich über die Gespräche zu Purpose, Werten, Führung und so weiter der kulturelle Gravitationskern der Partei herausbildet und sich die Gründer:innen im Zuge der Entwicklung eines gemeinsamen Selbstverständnisses besser kennenlernen. So können die Parteigründer:innen übrigens auch zu Kultur-Multiplikator:innen werden, sobald die Organisation wächst. Wenn unter ihnen ein gemeinsames Verständnis herrscht, was Purpose und Werte für die gemeinsame Parteiarbeit bedeuten – dann erhöht das die Chance, dass sich dieses Verständnis im Prozess des Wachstums auf die neuen Mitglieder überträgt. Und genau darum geht es: die Neuen mit der Kultur anzustecken, die es weiterzugeben lohnt. Im Wissen, dass der Anfangsimpuls der Gründer:innen irgendwann an Kraft verliert und die neuen Mitglieder eigene Vorstellungen entwickeln, wie Parteikultur aussehen soll. Das gehört zur Entwicklung einfach dazu.

Das Einfluss-Prinzip

Neben kulturellen Werten sollte jede transformative Partei ein einfaches, aber zentrales Prinzip in höchsten Ehren halten. Und das lautet: Motzen ist ausschließlich dann erlaubt, wenn konkrete Schritte zur Veränderung des Missstands folgen, den man beklagt. Warum ist das wichtig? Weil eine Kultur der folgenlosen Krittelei auf mehreren Ebenen Schaden anrichtet. Wer klagt, richtet seine Aufmerksamkeit auf das, was nicht gut ist. Das kann schnell dazu führen, dass Menschen nur noch das sehen, was nicht läuft. Dass ihnen der differenzierte Blick abhandenkommt, den es braucht, um das Positive *und* das Negative zu sehen. Das führt wiederum zu einem Teufelskreis: Wer viel klagt, sieht immer mehr Negatives und klagt deshalb immer mehr. Und das ist schädlich. Im besten Fall entsteht nur schlechte Laune. Dazu gesellt sich aber schnell das Gefühl von Frustration. Denn wer viel über Dinge spricht, die er oder sie nicht verändern kann, fühlt sich machtlos. Und der Eindruck von Machtlosigkeit ist Gift. Eine sich selbst erfüllende Prophezeiung, die Menschen in einen Zustand versetzt, in dem sie die Welt nicht verändern, weil sie nicht mehr an ihr Potenzial glauben, ebendies zu tun.

Wer einmal in diesem Teufelskreis hängt, zieht schnell andere Menschen mit sich in den negativen Sog hinein. Die transformative Partei muss diese Negativ-Dynamik des Schlechtredens und Miesmachens unbedingt vermeiden. Denn sie tritt ja an, um die Welt zu verändern, in grundsätzlichen, mutigen Schritten. Um das zu schaffen, ist sie zwingend darauf angewiesen, dass alle Engagierten, egal auf welcher Ebene, getragen sind vom Glauben an ihr Potenzial, die Dinge zum Besseren zu bewegen. Dieser Spirit entsteht nur dann, wenn die Partei eine Macher:innen-Kultur ausprägt anstatt der Krittelkultur, die klassische Parteien oft lähmt.

Die Krittelkultur in Organisationen entsteht, wenn Menschen zu viel über Dinge reden, die sie nicht verändern können. Wir kennen das aus eigener Erfahrung. Wer einen Abend lang über globale Ungleichheit, Klimakrise oder die Erosion der Demokratie spricht – der hat nichts verändert, außer der eigenen Laune. Die ist nach solchen Gesprächen in der Regel eher schlechter als besser. Weil das Gefühl entsteht: So viele Probleme! Und ich kleines Würstchen bin so machtlos! Als Einzelne können wir weder Klimakrise noch Ungleichheit noch Demokratiekrise verändern. Was wir verändern können, sind unser innerer Fokus und unsere Reaktion auf den Missstand, den wir bemängeln. Lassen wir uns vollständig absorbieren von den Rahmenbedingungen, über die wir klagen? Geben wir uns dem Gefühl von Machtlosigkeit hin? Oder schauen wir vor allem darauf, was wir tun können, um die Dinge zum Besseren zu bewegen? Überlegen wir, wo wir Möglichkeiten haben, Einfluss zu nehmen und den Problemen, die wir beklagen, konkret etwas entgegenzusetzen?

In der Beratungswelt gibt es ein bekanntes Modell, den *Circle of Influence*. Er zeigt, wie wichtig es ist, die Aufmerksamkeit dorthin zu richten, wo wir Dinge zum Besseren bewegen können.

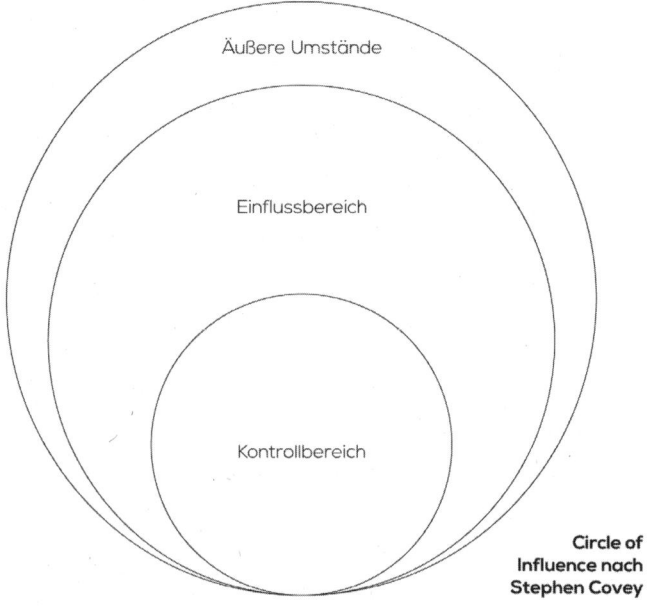

Circle of Influence nach Stephen Covey

Der *Circle of Influence* hat drei Kreise: Ganz innen, im kleinsten Kreis, ist der Kontrollbereich. Er bezeichnet die Themen und Lebensbereiche, die wir kontrollieren können – sei es als einzelne Menschen oder als Gruppe. Auf eine Gliederung der transformativen Partei gemünzt: Wie gestalten wir unsere Meetings? Welche Expert:innen laden wir in unseren Kreis ein? Welche Worte und Bilder benutzen wir in unserer Kommunikation nach außen?

Im äußersten Kreis finden sich die äußeren Umstände. Das sind die Bereiche, auf die wir keine oder nur sehr mittelbare Einflussmöglichkeiten haben, etwa das Wetter oder die widersprüchliche Natur des Menschen. Aus Parteiperspektive gedacht, stehen hier beispielsweise Themen wie die globale politische Großwetterlage, die Persönlichkeit der Vorsitzenden oder die kulturellen Werte der Partei. Das sind Themen, die weitgehend gegeben sind – weder die politische Agenda noch die kulturellen Werte noch die biografische Prägung der Vorsitzenden lassen sich durch einzelne Parteigliederungen verändern.

In der Mitte steht der eigentlich wichtige Kreis: der Einflussbereich. Der Autor des *Circle of Influence*, Stephen Covey, sagt, erfolgreiche Menschen hätten ihren Fokus vor allem hier. Weil sie ihre Aufmerksamkeit radikal darauf richten, wo und auf welche Weise sie durch ihr Handeln Dinge im eigenen Sinne beeinflussen können. Auch diese Menschen sind meist getrieben vom Wunsch, die äußeren Umstände zu verändern. Doch anstatt sich mit Kritteln über die Gesamtsituation zu begnügen, versuchen sie durch konkretes Handeln, die Dinge zum Besseren zu verändern. Und sei der Unterschied auch klein, den sie machen – Selbstverständnis und Ergebnis sind garantiert anders als bei denjenigen, die sich mit der Klage über die unveränderbaren Rahmenbedingungen begnügen.

Auf die Partei gemünzt: Wer im Einflussbereich denkt und unzufrieden ist mit der Parteiführung, fragt: »Was können wir tun, um bei der nächsten Wahl qualifiziertere Vorstandskandidat:innen zur Auswahl zu haben?« Wer damit nicht warten will, fragt: »Wie können wir unser kritisches Feedback und unsere Veränderungsvorschläge so übermitteln, dass die jetzige Führung ihre Haltung oder ihr Verhalten hinterfragt?« Wer meint, dass die Partei nicht sichtbar genug ist, fragt: »Welche konkreten Aktionen können wir starten, um in den nächsten sechs Monaten die Bekanntheit vor Ort deutlich nach oben zu schrauben?« Und so weiter.

Der Einflussbereich ist natürlich nicht für jeden Menschen gleich. Die Parteivorsitzende hat andere Einflussmöglichkeiten als eine Engagierte, die zum ersten Mal bei der Partei aufschlägt. Aber: Beide haben die Wahl. Verzweifle ich an den Themen, über die ich zwar klagen, die ich aber nicht verändern kann? Oder gebe ich all meine Aufmerksamkeit und Energie in die Themen, wo ich mit meinem Handeln einen Unterschied mache?

Wichtig dabei: Wer Einfluss nimmt, versteht, dass er oder sie keine Kontrolle darüber hat, welche Veränderung das eigene Handeln am Schluss bewirkt. Das ist unheimlich wichtig. Gerade in hochkomplexen politischen Umfeldern kann man nie sagen, welche Folgen der Impuls haben wird, den man sendet. Wer darüber frustriert ist, verliert sich schon wieder im äußersten Kreis, den äußeren Umständen. Denn wir können als Einzelne nichts daran ändern, dass wir in komplexen Systemen unterwegs sind, die wir niemals kontrollieren können. Das gilt gerade dann, wenn wir mit anderen zusammenarbeiten. Wir können nur versuchen, diese komplexen Systeme in unserem Sinne zu beeinflussen – und müssen damit rechnen, dass die Konsequenz absehbar eine ganz andere sein kann, als wir eigentlich erwartet haben. Deshalb ist es gerade für politisch Engagierte sehr wichtig, zwischen Intention und Erwartung zu unterscheiden. Ich kann mir darüber im Klaren sein, mit welcher Absicht ich Einfluss nehme. Aber ich sollte mich frei machen von Erwartungen darüber, welche konkreten Auswirkungen mein Engagement haben wird. Wer vom Einflussbereich aus wahrnimmt, denkt und handelt, geht also gar nicht erst davon aus, dass die Welt sich schon nach den eigenen Wünschen richten wird. Sondern richtet alle Aufmerksamkeit darauf, die Missstände, die einen aufregen, in die richtige Richtung zu bewegen.

Wir können nicht genug betonen, wie wichtig diese Haltung für die transformative Partei ist. Wenn die Engagierten im Einflussbereich unterwegs sind, gibt es nur Vorteile, und zwar für alle. Denn wenn ich als Engagierte darüber nachdenke, was ich konkret tun kann, um Dinge zum Besseren zu bewegen, bin ich in einem grundsätzlich anderen Modus unterwegs als jemand, der davon ausgeht, nichts verändern zu können. Wenn ich die Dinge dann zum Guten beeinflusst habe, freue ich mich. Und es gibt eine größere Chance, dass ich bald wieder den Versuch starte, Veränderung im Rahmen meines Einflussbereichs zu starten. Je öfter ich das mache, desto eher habe ich den Eindruck, die Welt bewegen zu können. Und das ist wiederum die Voraussetzung dafür, dass ich genau das tue – auf zunehmend selbstbewusste, mutige und entschlossene Weise. Davon profitiert wiederum die Partei. Je mehr Engagierte in diesem Modus unterwegs sind, desto besser entwickelt sich die Organisation, und desto wirksamer wird die politische Arbeit.

Vom Fundament zum Betriebssystem

Wenn die transformative Partei frühzeitig ihren Purpose klärt, sich bewusst ideologisch positioniert und dazu auch noch fokussiert die richtigen Werte und Haltungen pflegt – dann ist aus unserer Sicht das Fundament gelegt für ihre Arbeit. Das ist natürlich nicht zu verwechseln mit einer Garantie für Erfolg. Aber: Purpose, ideologische Klarheit und eine bewusst gestaltete Kultur sind die Ausgangsvoraussetzungen für ein langfristig gesundes Wachstum. Sie sind die

Voraussetzungen für eine Partei, für die wir echte Leidenschaft empfinden können.

Aber der Teufel liegt im Detail. Das gilt ganz besonders für die transformative Partei. Selbst wenn sie ein starkes, mitreißendes Fundament gelegt hat, bleiben eine ganze Reihe an Herausforderungen, Stolpersteinen und möglicher Konfliktlinien. Zum Beispiel: Was tun, damit sich die Partei nicht in einer Blase einkuschelt? Dürfen nur die Parteieliten mitarbeiten oder alle? Wenn alle, wie soll das organisiert werden? Wie ist es mit Vielfalt, mit Transparenz, mit interner Demokratie? Alles Fragen, die viel Konfliktstoff mit sich bringen. Gleichzeitig aber alles Fragen, denen sich die transformative Partei stellen muss.

Was es also braucht, ist eine Art Betriebssystem. Eine Sammlung von Ideen und Konzepten, die der transformativen Partei helfen, ihren radikalen, grundsätzlichen, idealistischen Charakter auch in der Praxis zu bewahren und die Kraft ihrer Mitglieder und Unterstützer:innen produktiv zu nutzen, statt sie verpuffen zu lassen. Im Wissen, dass es ohne ihre Energie und ohne ihren Enthusiasmus keine grundsätzlichen Veränderungen geben kann.

Darum geht es im nächsten Teil – wir entwerfen ein Betriebssystem für die transformative Partei. Dabei ist nicht wichtig, ob man es am Ende genau so macht, wie wir es hier vorschlagen. Es geht vielmehr darum, zu zeigen, über welche Fragen wir neu nachdenken müssen, wenn wir Politik und Parteien anders gestalten wollen als bislang. Und wir wollen zeigen, dass alles auch ganz anders sein könnte, als es heute ist. Das Betriebssystem, das wir in den folgenden Kapiteln skizzieren, liefert einen Rahmen, in dem Parteien nicht mehr Teil des Problems, sondern Teil der Lösung sind.

Teil II

Das Betriebssystem

Mehr als nur Mitglieder: Die Kraft der Vielen

»n'Abend, Genossen!«, ruft Axel laut in die Runde. »Wer möchte noch 'n Bier?« Zustimmendes Murmeln am Tisch, die Sitzung kann losgehen. Das also könnte mein künftiger SPD-Ortsverein sein.

»Ähm, hallo ... seid ihr von der SPD? Darf ich mich dazusetzen?« Irritierte Blicke, dann aber freundliche Gesichter, ein Stuhl wird frei geräumt. An einem dunklen Holztisch, ganz hinten in einer Berliner Kneipe, sitzen acht Männer und zwei Frauen, Typ mittlere Karrierestufe, angestellt oder verbeamtet. Ich bin mit Abstand der Jüngste. Wir befinden uns im Jahr 2016, und ich, Clemens, möchte mich zum ersten Mal in einer Partei engagieren. Wie so viele Menschen meiner Generation hat mich das vergangene Jahr politisiert. Die Wahl von Donald Trump, der Brexit und der Aufstieg der sogenannten AfD. Die wachsende Ungleichheit in Deutschland. Aber vor allem, mehr als alles andere, das Leid, der Tod und die Perspektivlosigkeit von Millionen Menschen auf der Flucht. Doch wie viele andere, die sich näher mit Parteien beschäftigen, bekommt auch meine Anfangsmotivation erst mal einen gehörigen Dämpfer.

Das Gespräch am Tisch dreht sich um den Bericht eines offensichtlichen Insiders, der gehört haben will, dass in Berlin neue Straßenbahnen gebaut werden sollen. Und um die CDU. Und wie läuft's eigentlich auf der Arbeit? Ich fühle mich wie auf einer Party, auf der man niemanden kennt und nicht versteht, worum es in den Geschichten geht, aber trotzdem nickt und mitlacht. Dankenswerterweise fasst Axel sich ein Herz und fängt an zu erklären: »Wir sind beim Ortsverein, aber in Berlin heißt das Abteilung, und das ist Dirk, der Vorsitzende. Er arbeitet in einem Amt und weiß deswegen gut Bescheid. Und dann gibt es die Unterbezirksvorsitzende, die gerade kurz da war, weil demnächst Parteitag ist. Und vor Kurzem hat die Abteilung gezählt, wie viele Autos auf der Schönhauser Allee dauerparken, also länger als 24 Stunden; ziemlich viele sind das. Übrigens braucht Berlin dringend eine Verwaltungsreform. Abteilungssitzung ist alle vier Wochen, und dazwischen immer Vorstandssitzung, aber da können auch alle kommen, man ist da ganz transparent.«

Zwei Mal gehe ich hin. Beim dritten Mal kann ich leider nicht, ein dringender Termin oder so … In diesem Ortsverein sind gute und liebenswerte Menschen. Aber ich habe nicht das Gefühl, dass meine Anwesenheit irgendeinen Unterschied macht. Die wirkliche Politik, die scheint woanders gemacht zu werden.

Mitglieder: Warum eigentlich?

Tausende Menschen sind in den letzten Jahren in eine Partei eingetreten, um etwas zu verändern. Wir glauben, dass die allermeisten von ihnen ähnlich ernüchternde Erfahrungen gemacht haben. Denn die oben beschriebenen Strukturen und Dynamiken gibt es überall. Es ist einfach nicht vorgesehen, dass ein Neumitglied gleich voll mit einsteigt und sinnvolle und erfüllende Arbeit machen darf.

Das ist eine riesige Verschwendung von menschlichem Potenzial. Denn die Menschen, die zurzeit in Parteien eintreten, sind Menschen, die wie wir grundsätzlich an das Potenzial und die positive Gestaltungskraft von Parteien glauben. Denen eine offene Gesellschaft ein Herzensanliegen ist; die mitmachen wollen bei der sozial-ökologischen Transformation; die die extreme weltweite Ungleichheit nicht länger ertragen wollen. Und genau diese Menschen braucht es doch jetzt! Aber stattdessen bekommen sie, etwas überspitzt, ein schales Bier und das Neueste aus dem Stadtrat. Es gibt Menschen, denen reicht das aus. Aber viele Neumitglieder gehen nicht in Parteien, weil sie neue Freunde suchen oder in die Tiefen der Kommunalpolitik eintauchen wollen. Sondern weil sie sich Sorgen machen um ihre Zukunft oder die Zukunft ihrer Kinder. Oder empört sind über die Ungerechtigkeiten dieser Welt. Kurz, sie werden Parteimitglieder, weil sie etwas verändern wollen.

Leider sind klassische Parteien nicht auf Menschen vorbereitet, die etwas verändern möchten. Wer neu in eine Partei eintritt, wird einem Ortsverein zugeordnet und ab da ziemlich allein gelassen. Sinnvolle Strukturen für Neumitglieder? Gibt es kaum. Wir glauben, das liegt vor allem daran, dass niemand so genau weiß, wofür es Parteimitglieder eigentlich gibt. Was ist ihre Aufgabe? Was ist ihr Purpose?

In der Theorie sind Parteien von unten nach oben organisiert. In der Praxis ist der Einfluss von einfachen Mitgliedern aber so gering, dass von dieser Idee nicht viel übrig bleibt. Nur wer sich jahrelang intensiv engagiert, beginnt, Wirksamkeit zu erfahren. Für die allermeisten Mitglieder ist so ein intensives Engagement aber gar nicht möglich. Insbesondere in den ehemaligen Volksparteien herrscht deshalb eine ziemliche Karteileichenkultur. Passive Mitglieder, die seit Jahren keinen Kontakt mehr zur Partei hatten, sind nicht die Ausnahme, sondern die Regel. Und wer könnte es ihnen verübeln? Für die allermeisten Menschen kommt es eben nicht infrage, ihren Job, ihre Familie und ihre Freunde dieser Form der Parteiarbeit unterzuordnen. Sie wären bereit, sich zu engagieren, um etwas zu verändern – aber eben nicht so, wie es heute in klassischen Parteien üblich ist.

Wenn klassische Parteien dann doch mal eine Eintrittswelle verkünden können, dann geht es weniger um das Wissen und die Energie, das durch die Neumitglieder in die Partei getragen wird, sondern eher um die Zahlen an sich. Anfang 2018 beispielsweise, als über eine Neuauflage der GroKo abgestimmt wurde, verkündete SPD-Generalsekretär Lars Klingbeil stolz fast 25.000 Neueintritte. Das ist zwar schön, aber die Frage bleibt unbeantwortet, was mit diesen Menschen passieren soll. Man stelle sich vor, ein Unternehmen stellt 25.000 hochmotivierte Mitarbeiter:innen ein, und niemand weiß, was die eigentlich alle machen sollen. Es gäbe weder ein Onboarding noch eine Aufgabenbeschreibung. Wahrscheinlich wären diese Mitarbeiter:innen schnell frustriert und demotiviert. Genau das passiert in klassischen Parteien.

Wir finden, dass sich das ändern muss. In den letzten Jahren hat es eine breite Politisierung in unserer Gesellschaft gegeben. Nicht nur die Jungen, auch viele Ältere sagen: »So kann es nicht weitergehen, ich werde mich (wieder) engagieren.« Aber ihnen fehlen Möglichkeiten, um guten Willen und Veränderungsdrang in politische Wirksamkeit zu übersetzen.

Die transformative Partei macht es deshalb anders. Und das muss sie auch. Denn die Herausforderungen, vor denen wir stehen, lassen sich nicht von einer kleinen Führungselite lösen. Es reicht nicht aus, auf die paar Menschen zu schauen, die es bis nach oben geschafft haben, und auf das Beste zu hoffen. Vielmehr brauchen wir die Kraft und den Mut Tausender Menschen, die gemeinsam transformative Politik machen. Dass das geht, davon sind wir überzeugt. Aber es braucht einen frischen Blick auf grundlegende Strukturen.

Der Niedergang der Mitgliederparteien

In den letzten dreißig Jahren haben die deutschen Parteien die Hälfte ihrer Mitglieder verloren – und mit ihnen ihre frühere Gestaltungskraft. Das liegt auch daran, dass Parteien, vor allem anderen, die Summe ihrer Mitglieder und Unterstützer:innen sind. Auch wenn es in den Medien häufig so wirkt, als ginge es lediglich um eine Handvoll

Spitzenpolitiker:innen – es sind die vielen, ihr Mut, ihre Energie und ihr Wissen, die das Herz einer politischen Partei schlagen lassen. Verlieren Parteien diese Unterstützung, dann verlieren sie auch ihre Kraft.

Wir glauben, dass die Abwendung von den politischen Parteien keine unumkehrbare gesellschaftliche Entwicklung sein muss. Transformative Parteien können, gegen den Trend, die Unterstützung einer großen Anzahl Menschen gewinnen. Voraussetzung dafür ist aber, dass diese Menschen sich auf eine Art einbringen können, die sinnvoll ist – für sie selbst und die Partei. Transformative Parteien müssen also zunächst die Frage beantworten, *warum* und wofür sie um Mitglieder und Unterstützer:innen werben. Wozu sind Parteimitglieder eigentlich da? Was ist ihre Aufgabe? Und was ist ihr Platz im großen Ganzen? Wenn eine neue Partei auf diese Fragen kluge Antworten findet, dann, so denken wir, wird sie sogar attraktiv für Menschen, die Parteien bislang ziemlich uninteressant finden.

Warum – das bedeutet für eine Partei, zuerst einmal einen klaren Purpose zu haben. Allerdings reicht das nicht. Es gibt noch eine ganze Reihe sehr praktischer Fragen, die Menschen beschäftigen, bevor sie sich für das Engagement in einer Organisation entscheiden: »Braucht ihr *mich* und meine Fähigkeiten, oder wollt ihr lediglich meinen Mitgliedsbeitrag? Bin ich erwünscht, wie ich bin? Werde ich das machen können, was ich machen möchte, worin ich gut bin (oder werden will) und wozu ich (auch zeitlich) in der Lage bin?«

Es gibt zwei Gründe, warum klassische Parteien auf diese Fragen meist nur ungenügende Antworten finden. Der erste ist, dass sie Menschen in genau zwei Kategorien einordnen: Parteimitglieder und Nicht-Parteimitglieder. Im 19. und 20. Jahrhundert machte diese Logik Sinn. Durch feste Mitgliedschaften entwickelten Parteien sich von eher losen und spontanen Zusammenschlüssen hin zu wirkmächtigen Massenorganisationen, geeint durch eine gemeinsame Identität. Heute aber ist die Gesellschaft eine andere. Unsere Leben und Beziehungen sind wesentlich individualisierter. Identität setzt sich aus einer Vielzahl verschiedener Puzzleteile zusammen. Und trotzdem verstehen sich Parteien wie vor hundertfünfzig Jahren als Mitgliederparteien. Das Problem dabei: Mitgliedschaft kommt immer auch mit einer Identität, die das neue Mitglied annehmen soll. »Du bist jetzt Sozialdemokrat:in, mit allem, was dazugehört.« Das passt kaum noch zur heutigen Freiheit, sich seine eigene Patchwork-Identität bilden zu können. Parteien, die nur ein einziges Angebot vorzeigen können – »Werde Mitglied« –, riskieren, dass Menschen, die viel Wert auf ihre Individualität legen, sich zügig abwenden und weitergehen.

Damit wollen wir nicht sagen, dass eine gemeinsame Identität für die transformative Partei keine Rolle mehr spielen sollte. Im Gegenteil: Organisationen, die uns Orientierung und Halt bieten, sind heute vielleicht wichtiger denn je. Aber das binäre Entweder-oder der klassischen Parteimitgliedschaft geht an den Bedürfnissen unzähliger politisch Interessierter vorbei. Ja, es gibt Menschen, die gerne als Mitglied fester Teil einer Partei werden wollen. Aber es gibt eben auch andere, die eine Partei zwar unterstützen möchten, weil sie den Purpose oder einzelne Politiker:innen toll finden, aber erst mal kein Mitglied werden wollen. Die transformative Partei muss beiden Gruppen einen Platz bieten. Sonst kann sie unmöglich die Kraft gewinnen, die sie benötigt. Die Botschaft muss sein: Egal ob Mitglied oder nicht – wenn du dich mit unserem Purpose identifizieren kannst und die wichtigsten Säulen unserer Kultur akzeptierst, hast du einen Platz bei uns!

Der zweite Grund, warum klassische Parteien keine neuen Mitglieder für sich begeistern können, liegt darin, dass ungeklärt ist, wozu Mitglieder abseits des Wahlkampfs überhaupt gebraucht werden. Es gibt Mitglieder mit Amt und Mitglieder ohne Amt. Wer ein Amt hält, hat etwas zu sagen. Wer kein Amt hält, nicht. Das ist etwas vereinfacht, aber in der Praxis spielen normale Mitglieder, die nicht Vorstand, Delegierte oder Beauftragte für irgendwas sind, kaum eine Rolle. Das führt dann dazu, dass ein Großteil der Mitglieder ohne Amt kaum sagen kann, warum sie außerhalb von Wahlkampfzeiten für ihre Partei wichtig sind. Sie sind eben Mitglieder, zahlen ihren Beitrag, und das war's. Wer keine Lust auf den Versuch hat, ein Amt zu ergattern – und mal ehrlich, wer hat das schon? –, der merkt ziemlich schnell: Ich werde hier eigentlich gar nicht gebraucht. Kein Wunder also, dass viele engagierte Menschen heute lieber Teil von Bewegungen und Initiativen werden. Dort kann man in der Regel direkt mitmachen und mitentscheiden, ohne Amt und sogar, ohne Mitglied werden zu müssen. Wir glauben, dass das auch in Parteien möglich sein muss.

Rollen statt Ämter: Parteiarbeit mit Sinn

Was also ist die Alternative zum klassischen Mitgliedermodell? Wir halten es für sinnvoll, die bisherige Logik von »Mitglied« und »Nicht-Mitglied« oder »Mitglied mit Amt« und »Mitglied ohne Amt« aufzulösen. Zugunsten einer Logik, die von Rollen ausgeht. Die Idee ist, dass Engagierten unterschiedliche Rollen offenstehen. Je nach Präferenz und Kompetenz haben sie die Möglichkeit, zwischen diesen Rollen zu wählen und sie dann – idealerweise – bestmöglich auszufüllen. Jede dieser Rollen leistet einen sinnvollen Beitrag, sowohl für die Partei als auch für die Person, die die Rolle ausfüllt.

Anders gesagt: Wer mitmachen will, muss nicht Mitglied werden. Wer Mitglied wird, muss nicht zwingend in den Ortsverein. Sondern die Engagierten können aus einer breiteren Auswahl möglicher Rollen wählen. Mit diesem Recht geht eine Pflicht einher, denn jede dieser Rollen ist im Kern definiert: Was ist der Purpose dieser Rolle? Wofür ist sie zuständig? Und welche Kompetenzen und Qualifikationen setzt sie voraus? Wer eine Rolle annimmt, hat die Pflicht, sie ernst zu nehmen und so gut wie möglich mit Leben zu füllen.

Der Vorteil dieser Art zu denken ist, dass Parteien die Zeit ihrer Engagierten bewusster und zielgenauer zum Einsatz bringen können. Anstatt – wie bislang – Führungspersonal damit zu überfordern, für alles gleichzeitig zuständig zu sein, werden Rollen so zugeschnitten, dass sie alltagstauglicher werden und Verantwortung auf mehrere Schultern verteilen. Das stärkt sowohl die Eigenverantwortung als auch die Zusammenarbeit – und legt eine Grundlage für eine Parteikultur, in der möglichst viele sich aktiv und miteinander für die gemeinsame Sache einbringen.

Blicken wir als Beispiel auf die Aufgaben eines durchschnittlichen Vorstandsmitglieds. Diese Person hat politische Aufgaben: »Wie positionieren wir uns in der Diskussion über das Paritätsgesetz? Was ist unser Plan für eine Verkehrswende?« Aber auch: »Was ist unsere Strategie für die nächste Wahl?« Dann gibt es repräsentative Funktionen: Vorstandsmitglieder erklären und vertreten Positionen und Entscheidungen nach außen und innen. Dazu kommen noch Führungsaufgaben: Organisations- und Prozessentwicklung, das Entwickeln und Fördern von talentierten Nachwuchsmitgliedern, mit den Ressourcen der Partei haushalten. Bei näherem Hinsehen verbergen sich hinter all diesen Aufgaben unterschiedliche Rollen, die keineswegs in einer Person gebündelt sein müssen. Es mag üblich sein, dass Vorstandsmitglieder strategisch, politisch-inhaltlich und organisatorisch Verantwortung übernehmen. Aber sinnvoll finden wir das nicht. Besser ist es, diese unterschiedlichen Rollen auf mehrere Schultern zu verteilen. Das vermeidet die Überlastung Einzelner und erhöht die Zahl derjenigen, die aktiv in Verantwortung gehen.

Im Folgenden stellen wir einige Rollen vor, die wir für transformative Parteien zentral finden. Manche von ihnen haben viel, andere wenig Macht. Manche benötigen eine demokratische Legitimation, andere sind offen für alle. Manche sind sehr niedrigschwellig, andere verlangen viel Erfahrung. Aber allen Rollen ist gemein, dass sie sich vom Daseinszweck der Partei ableiten und deshalb mit Sinn erfüllt sind. Das bedeutet: Wer eine Rolle übernimmt, ist für die Partei wichtig.

Mein Platz im großen Ganzen

Parteien sind riesige Organisationen. Die Grünen haben über 100.000 Mitglieder, die SPD und die CDU sogar über 400.000. Die Frage, die sich neue Parteimitglieder daher wohl am meisten stellen, lautet: »Was ist *mein* Platz im großen Ganzen? Was ist *meine* Aufgabe?« Dabei ist natürlich auch Neumitgliedern bewusst, dass sie nicht sofort der Nabel der Welt sein können. Niemand erwartet, am ersten Tag Führungsverantwortung zu übernehmen. Aber ein Platz und eine Aufgabe, die sinnvoll und wirksam sind, das ist doch nicht zu viel verlangt, oder? Klar, auch das ist eine echte Herausforderung. Aber wir denken, Engagierte sollten erwarten können, dass sich die transformative Partei dieser Herausforderung stellt.

Bei jüngeren Parteineugründungen wie *Demokratie in Bewegung* oder der transeuropäischen Partei Volt kann man Versuche erkennen, diesen Gedanken mit Leben zu füllen. Nicht mehr nur eine kleine Führungselite soll wichtig sein, sondern alle sollen zum Erfolg der Partei beitragen. Wir greifen diese Ansätze auf, konkretisieren sie und entwickeln sie weiter. Im Kern steht dabei die Idee, die transformative Partei in drei Gruppen zu organisieren, die jeweils wichtige, aber äußerst unterschiedliche Rollen haben: Vielheit – Arbeitskräfte – Führung.

Obwohl ihre Aufgaben sehr unterschiedlich sind, stehen diese drei Gruppen nicht in Hierarchie zueinander. Ihre Rechte und Pflichten, Aufgaben und Verantwortungsbereiche unterscheiden sich. Aber statt eines hierarchischen »oben« vs. »unten«, eines Basis vs. Führung, versucht diese Gliederung, eine Beziehung auf Augenhöhe zwischen den verschiedenen Teilen der Partei herzustellen. Im Wissen, dass jede der genannten Rollen unverzichtbar ist.

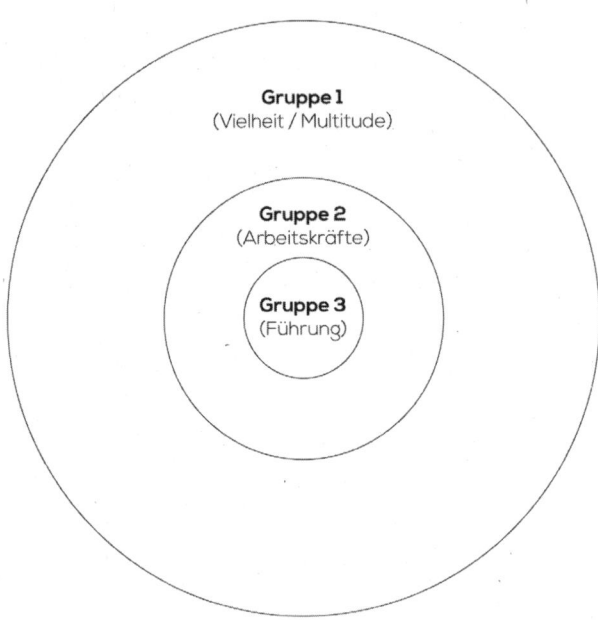

Gruppe 1: Vielheit/Multitude

Die erste Gruppe könnte *Vielheit* genannt werden. Im Englischen wird auch der Begriff *Multitude* genutzt. Er geht auf den römischen Philosophen Marcus Tullius Cicero zurück und soll den Ursprung der Gesellschaft beziehungsweise der Republik erklären. Er schrieb: »Es ist also die Republik die Sache der Bevölkerung, eine Bevölkerung aber nicht jede irgendwie zusammengescharte Ansammlung, sondern die Ansammlung einer Menge *[multitudo]*, die in der Anerkennung des Rechtes und der Gemeinsamkeit des Nutzens vereinigt ist.« In Anlehnung daran sollte eine transformative Partei ebenfalls die Sache der Vielheit, der Multitude, sein, die sich in Anerkennung der gemeinsamen Regeln und der Gemeinsamkeit des Nutzens versammelt hat.

Wo klassische Parteien Mitglieder haben, ist das Fundament der transformativen Partei also die Multitude. Die Vielheit oder Multitude ist die größte Gruppe innerhalb der Partei und auch die offenste. In ihr gibt es verschiedene Rollen. Eine Rolle sind ganz klassisch die Parteimitglieder. Sie spielen also auch in der transformativen Partei eine wichtige Rolle – aber sie sind eben nicht die Einzigen. Neben ihnen gibt es in der Multitude auch Unterstützer:innen, die die Partei temporär unterstützen möchten, sowie Expert:innen und beteiligte Akteur:innen, die ihr Fach- und Alltagswissen mit der Partei teilen. Alle diese Rollen haben einen Purpose. Sie existieren, weil sie unverzichtbar für den Erfolg der Partei sind. Das heißt, dass Mitglieder, Unterstützer:innen, Expert:innen und beteiligte Akteur:innen existenzieller Teil des großen Ganzen sind. »Hier ist *mein* Platz. Das ist *meine* Rolle. Hier kann *ich* mitmachen, hier werde *ich* gebraucht.«

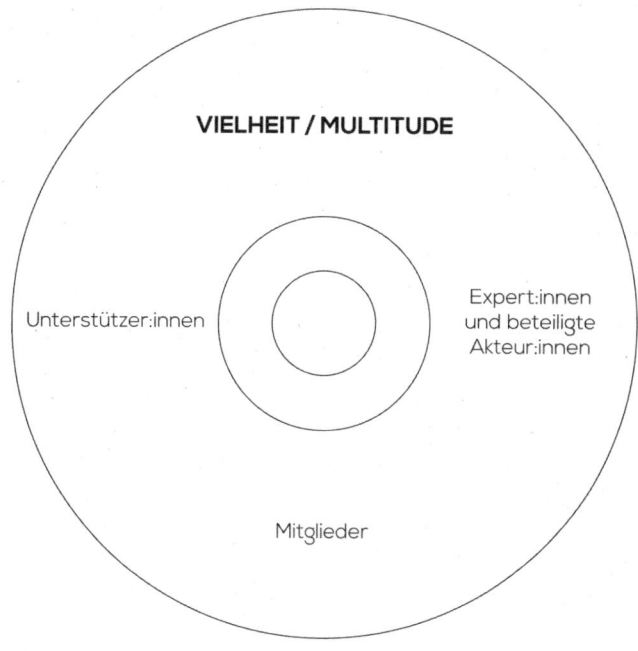

Die Aufgaben und Verantwortungen der Rollen unterscheiden sich. Zur Rolle der *Parteimitglieder* gehört, die grundsätzliche Richtung der Partei zu bestimmen, die Führung auszuwählen und zu kontrollieren und – so banal es klingt – durch ihre Mitgliedsbeiträge die Partei zu finanzieren. Ihre Mitgliedschaft ist ein langfristiges Versprechen an die Partei, deren Purpose und Werte zu fördern und zu schützen. Parteimitglieder bringen Stabilität in eine äußerst dynamische Organisation.

Für viele Menschen, insbesondere jüngere, kommt eine Parteimitgliedschaft nicht infrage. Allerdings sind sie bereit, für einige Zeit alles stehen und liegen zu lassen, wenn ihnen eine Sache wichtig genug erscheint. Für sie passt oft die zweite Rolle – *Unterstützer:innen*. Als Unterstützer:innen organisieren sie auf der Straße und im Internet beeindruckende Kampagnen. Beispiele dafür sind die zahlreichen Bewegungen der letzten Jahre, zum Beispiel Fridays For Future oder Extinction Rebellion. Aber auch die Kampagnen von amerikanischen Politiker:innen wie Bernie Sanders, Alexandria Ocasio-Cortez und Beto O'Rourke oder die Tausenden Unterstützer:innen von Jeremy Corbyn oder Emmanuel Macron zeigen die riesige Bereitschaft vieler Menschen, eine Sache aktiv zu unterstützen. Alles, was sie brauchen, ist ein sogenannter *Plan to Win* – ein glaubwürdiger und überzeugender Plan, der die folgenden Fragen beantwortet: Für wen oder was kämpfen wir? Wie werden wir gewinnen? Welche Rolle spiele ich dabei?

Eine dritte Rolle – *Expert:innen und beteiligte Akteur:innen* – bringt Fach- und Alltagswissen und verschiedene Perspektiven in die Partei. Das können Wissenschaftler:innen sein, aber auch Unternehmer:innen, Arbeiter:innen, Familien, Junge und Alte, Vertreter:innen von Vereinen und Verbänden, Menschen in schwierigen Lebenssituationen und so weiter. Unserer Erfahrung nach haben die meisten dieser Menschen wenig Interesse, sich von einer Partei vereinnahmen zu lassen. Sie wollen lieber unabhängig bleiben oder haben wenig Vertrauen in Parteien. Aber sie sind durchaus bereit, mit einer Partei zu sprechen und sie in spezifischen Fragen zu unterstützen oder zumindest ihre Perspektive zu schildern. Durch sie kann die Anbindung an verschiedene Lebensrealitäten und an die Erkenntnisse der Wissenschaft gelingen – ein riesiger Schatz für die transformative Partei.

Gruppe 2: Arbeitskräfte

Um die Ressourcen einer vielfältigen Multitude (vor allem Wissen und Energie) sinnvoll nutzen zu können, braucht es eine zweite Gruppe: die Gruppe der Arbeitskräfte (engl.: *Workforce*). Sie sind Bindeglied zwischen Multitude und Führung. Auch dieser Kreis vereint verschiedene Rollen in sich, die alle lebenswichtig für eine transformative Partei sind: Multitude-Organizer:innen, Prozessbegleiter:innen sowie operative Arbeitskräfte.

Multitude-Organizer:innen sind die erste persönliche Anlaufstelle der Multitude, also für Mitglieder, Unterstützer:innen und Interessierte. Sie unterstützen und befähigen die Multitude, digital und vor Ort, und sorgen für die Rahmenbedingungen, die wirksames Engagement braucht. Sie helfen den Neuen und sind Botschafter:innen der Parteikultur. Je größer die Multitude, desto mehr Multitude-Organizer:innen braucht es. Ein Beispiel: Die Wahlkampagne des Kandidaten Beto O'Rourke bei der Senator:innenwahl in Texas 2018 hatte allein dreihundert sogenannte *Field Manager*, die Zehntausende Freiwillige in Vollzeit unterstützten und koordinierten.

Prozessbegleiter:innen dagegen gestalten, organisieren und moderieren Prozesse, um Entscheidungen vorzubereiten oder zu treffen. Solche Prozesse können sehr unterschiedlich aussehen: ein Workshop mit nur wenigen Teilnehmer:innen; eine basisdemokratische Entscheidung aller Mitglieder per Internet; eine Zuhörtour, um die Perspektive von Betroffenen zu erfahren; die Koordination von Expert:innen, die gemeinsam politische Forderungen erarbeiten. Alle diese Prozesse, so unterschiedlich sie sind, haben gemeinsam, dass sie gestaltet, organisiert und moderiert werden müssen – sonst enden sie im Chaos.

Natürlich kann das alles eine Menge Geld kosten. Aber das darf kein Grund sein, den Kopf in den Sand zu stecken. Die transeuropäische Partei Volt etwa hat einen Pool von Prozessbegleiter:innen aufgebaut, die die Partei pro bono unterstützen. Auch eine interne Ausbildungsakademie für freiwillige Prozessbegleiter:innen oder Multitude-Organizer:innen wäre denkbar. Und wenn es doch nur mit Geld geht, dann muss eben das Fundraising besser werden – wir kommen im dritten Teil des Buches darauf zu sprechen.

Operative Arbeitskräfte, zu guter Letzt, halten den Laden am Laufen. Sie sind in Bereichen tätig, in denen eine Zentralisierung sinnvoll und hohe Professionalität notwendig ist. Darunter fallen beispielsweise die Öffentlichkeits- und Pressearbeit, das Fundraising, Logistik und Beschaffung, IT und die Verwaltung.

Gruppe 3: Parteiführung

Die dritte und letzte Gruppe ist die *Parteiführung*. Zum einen meinen wir damit die politische Führung. Menschen, die in diese Rolle gewählt werden, sind verantwortlich für die politisch-strategische Steuerung der Partei und die Repräsentation nach außen. Daneben gibt es die organisatorische Führung, die die Partei als Organisation weiterentwickelt und die täglichen Geschäfte managt. Diese Zweiteilung mag besonders Menschen aus der Wirtschaft offensichtlich erscheinen, aber wir wissen, dass klassische wie neue Parteien die organisatorische Steuerung notorisch vernachlässigen.

Wir halten das Führungsthema für so wichtig, dass wir ihm ein eigenes Kapitel gewidmet haben. Dort werden wir darauf eingehen, dass die politische und die organisatorische Führung auf Augenhöhe sein müssen. Transformative Parteien wissen, dass beide Arten von Führung höchst unterschiedlich und doch zwei Seiten derselben Medaille sind.

Die Magie der Vielen

Es braucht das Zusammenspiel all der beschriebenen Rollen, damit die transformative Partei erfolgreich und wirksam arbeiten kann. Dann entsteht auch, was wir die Magie der Vielen nennen. Magie, weil durch eine starke Multitude plötzlich politische Veränderungen möglich werden, die man bisher für unmöglich hielt. Wenn sich genügend Menschen in einer guten und durchdachten Organisation zusammenfinden, dann gibt es kaum etwas, das sie aufhalten kann. Eine grundlegende Reform des Wirtschaftssystems? Eine Europäische Republik? Ein Ende des Sterbens im Mittelmeer? Wir halten das alles für möglich, sonst würden wir dieses Buch nicht schreiben – wenn die transformative Partei die Kraft der Vielen zur Entfaltung bringt.

Die Europäische Partei: In Vielfalt geeint

Bisher haben wir vor allem über Parteien im nationalen Kontext gesprochen. Und warum auch nicht? Schließlich ist der Nationalstaat noch immer der wichtigste politische Referenzrahmen der meisten Menschen. Zwar gibt es die Europäische Union, aber die Fragen, die unseren Alltag prägen – An wen zahlen wir Steuern? Von wem bekommen wir Sozialhilfe? Wer garantiert unsere bürgerlichen Rechte? –, sind größtenteils Sache nationaler Politik. Darüber hinaus ist die Berichterstattung stark national geprägt. Schreiben Journalist:innen »Wir«, dann meinen sie damit in der Regel nicht »Wir, die Europäer:innen«, sondern »Wir, die Deutschen«. Und nicht zuletzt während der Coronapandemie waren Nationalstaaten die entscheidenden Player. Selbst der vieldiskutierte europäische Rettungsschirm war in erster Linie ein Projekt der Nationalstaaten. Die Europäische Kommission und das Europäische Parlament spielten dagegen nur Nebenrollen.

Kein Wunder also, dass wir auch beim Wort »Parteien« automatisch an nationale Parteien denken. Aber warum eigentlich? Könnte es nicht auch europäische Parteien geben? Also Parteien, die nicht nur in einer Nation existieren und wählbar sind, sondern in ganz Europa? Wäre das sinnvoll? Wir glauben: Ja, unbedingt! Alle großen, transformativen Herausforderungen warten zurzeit auf europäische Antworten. Allein deshalb, weil den einzelnen Mitgliedsstaaten der EU Mittel, Ressourcen sowie das weltpolitische Gewicht fehlen, um die großen Themen unserer Zeit im Alleingang lösen zu können. Egal ob Wirtschaftspolitik, Migration oder Klimawandel – keines dieser Themen lässt sich noch sinnvoll national denken geschweige denn wirkungsvoll angehen.

Und dennoch: Die europäischen Antworten kommen nicht. Auch weil es noch immer keine großen politischen Parteien gibt, die wirklich europäisch sind, denken und handeln. Das muss sich ändern, wenn wir die Herausforderungen unserer Zeit ernsthaft, langfristig und strategisch angehen wollen.

Die Perspektive des 21. Jahrhunderts ist europäisch

Trotz aller Beschwörungen eines geeinten Europas verstehen sich klassische Parteien auch nach rund siebzig Jahren europäischer Integration zuerst als national und erst dann als europäisch. Für sie findet die echte Politik im Bundestag oder in einem anderen nationalen Parlament statt. Die EU wird zwar in vielen Reden beschworen, aber da hört die Liebe zu Europa dann meist auch schon auf. Mit dieser Haltung scheitern klassische Parteien permanent an den Herausforderungen des 21. Jahrhunderts, die, wie gesagt, allesamt europäisch oder sogar global sind. Die transformative Partei muss deshalb die Perspektive der klassischen Parteien umdrehen. Sich also zuerst europäisch und erst dann lokal und national verstehen. Nicht nur in einem Land existieren, sondern in ganz Europa. Das allein ist nicht die Lösung aller Probleme. Aber es wäre ein verdammt wichtiger Schritt. Und zwar aus zwei Gründen.

Erstens: Wer sich europäisch organisiert, denkt auch europäisch. Und wer europaweit gewählt wird, fühlt sich nicht nur der Bevölkerung einer einzigen Nation verpflichtet, sondern allen Bürger:innen Europas. Daraus ergibt sich eine neue Art, Politik zu machen, die Wissen, Bedürfnisse und Perspektiven aus ganz Europa aufnimmt. Schon jetzt gibt es Organisationen, die sich europäische Parteien nennen, zum Beispiel die European Green Party, ein Zusammenschluss der grünen Parteien Europas. Aber solche Dachorganisationen sind eben lediglich Zusammenschlüsse nationaler Parteien, die immer wieder in ihre nationale Perspektive zurückfallen, wenn es hart auf hart kommt. Eine echte europäische Partei dreht die Logik um. Sie ist von Beginn an europäisch und gründet erst später nationale Einheiten, um auch in einzelnen Ländern an Wahlen teilnehmen zu dürfen.

Zweitens: Bis transformative Herausforderungen wirklich auf europäischer Ebene angegangen werden können, ist es noch ein weiter Weg. Warum? Weil es bisher weder eine europäische Regierung noch eine echte europäische Demokratie gibt. Klar, es gibt die Kommission und das Europäische Parlament, aber deren Kompetenzen sind im Vergleich zu denen der Nationalstaaten stark beschränkt. Sie dürfen mitspielen, aber die wirklich wichtigen Entscheidungen treffen noch immer die einzelnen Länder. Was also tun, um die gewaltigen Ressourcen freizusetzen, die die EU für transformative Projekte mobilisieren könnte? Wir denken, dass wir endlich den Weg hin zu einer ordentlichen europäischen Demokratie gehen sollten. Damit dieser große Schritt gelingen kann, braucht es den Druck echter europäischer Parteien. Schon allein ihre Präsenz würde zeigen, dass eine europäische Demokratie möglich ist.

Warum Parteien im Kern zeitgemäßer sind als die meisten Unternehmen

Aber europäische Parteien – kann das wirklich gelingen? Wer ein bisschen Erfahrung mit Parteien hat, weiß, dass schon das Zusammenhalten einer nationalen Partei ein logistischer und kommunikativer Kraftakt ist. Wie soll es dann erst auf einem Kontinent werden, auf dem allein auf dem Gebiet der EU fast 450 Millionen Menschen leben, die 24 Amts- und zahlreiche Regional- und Minderheitensprachen sprechen? Wie kann es gelingen, eine solche Partei erfolgreich zu organisieren?

Die Antwort ist bereits in der DNA von Parteien angelegt. Ihre Grundidee ist, zumindest in Deutschland, dezentral und selbstorganisiert. Eine Idee, die ungeheuer zeitgemäß ist – ganz besonders, wenn wir über europäische Parteien sprechen. Weil sie großen, von Unterschiedlichkeit geprägten Gruppen die Zusammenarbeit und gemeinsames Entscheiden ermöglicht. Viele kleinere Einheiten können so sehr autonom agieren. Das ist weitaus zeitgemäßer als der autokratische Zentralismus, wie wir ihn als Standard aus Verwaltung und Unternehmen kennen.

Das sehen nicht nur wir so. In der Wirtschaft gibt es seit einigen Jahren eine wachsende Bewegung hin zu dezentraleren, selbstorganisierten Führungs- und Organisationsmodellen. Mehr und mehr Unternehmen begreifen, dass der hohe Grad an Komplexität und Unsicherheit in den heutigen Gesellschaften und Märkten nach einer anderen Art der Organisation ruft. Einer Organisation, die fähig ist, schnell auf Veränderungen zu reagieren, indem sie sich laufend an das neue Umfeld anpasst, ohne dabei ihren Daseinszweck aus den Augen zu verlieren. Damit das gelingt, brauchen Mitarbeiter:innen die Möglichkeit, selbstbestimmt Entscheidungen zu treffen und umzusetzen. Und dafür braucht es wiederum Strukturen, die dezentrale Eigenverantwortlichkeit systematisch stärken, statt alles von »oben« entscheiden zu lassen.

Mit anderen Worten: Unternehmen entdecken neu, was Parteien seit Jahrzehnten in ihrer DNA tragen. Im Unterschied zu klassischen Parteien experimentieren diese Unternehmen gleichzeitig risikobereit und pragmatisch mit alternativen Führungs- und Organisationsmodellen. Und liefern damit in immer mehr Fällen die Antwort auf unsere Frage, wie eine so riesige und komplexe Organisation wie eine europäische Partei funktionieren kann – nämlich dezentral und selbstorganisiert. So also, wie Parteien im Kern schon angelegt sind. Aus unserer Sicht ist die Herausforderung deshalb gar nicht, Parteien von dezentralen, selbstorganisierten Organisationsstrukturen zu überzeugen. Sondern vielmehr, diesen Teil der Partei-DNA neu zu entdecken, systematisch aufzuwerten und in zeitgemäße Organisationsmodelle und Arbeitsweisen zu übersetzen. Das ist der wichtigste Schlüssel, um die Energie und kollektive Intelligenz der Engagierten in Ideen und Aktionen zu übersetzen, die schlussendlich die Gesellschaft verändern.

Keine Angst vor dem produktiven Kontrollverlust

Das bedeutet: Die transformative Partei weiß Dezentralität und Selbstorganisation zu schätzen und akzeptiert den Kontrollverlust, der damit einhergeht. Weil es äußerst unterschiedliche Bedarfe in unterschiedlichen Teilen des Kontinents und der Bevölkerung gibt. Inhaltlich ist das naheliegend. Politik, die für Hamburg sinnvoll ist, ist nicht automatisch auch für Berlin, Warschau oder Thessaloniki geeignet. Natürlich ist es gut, sich von anderswo inspirieren zu lassen. Aber am Ende wissen die Menschen vor Ort am besten, was bei ihnen gebraucht wird. Deswegen machen lokale Gliederungen die Lokalpolitik, und nicht die Zentrale. Es gilt das Subsidiaritätsprinzip, also der Grundsatz, dass immer auf der niedrigstmöglichen Ebene entschieden wird. Sprich: Über die Wasserversorgung der Stadt Wolfsburg entscheidet die Stadt Wolfsburg, nicht die Bundesregierung oder die Europäische Kommission.

Die transformative Partei hält das Subsidiaritätsprinzip nicht nur bei inhaltlichen, sondern auch bei Organisationsthemen in höchsten Ehren. Deshalb sieht sie in Bayern unter Umständen sehr anders aus als in Mecklenburg-Vorpommern. Oder, bei einer europäischen Partei, in Katalonien ganz anders als in Sachsen. Ihre Strukturen, Prozesse und Angebote können sehr unterschiedlich sein, weil sich die gesellschaftlichen Bedarfe in den jeweiligen Regionen stark unterscheiden.

Und auch jenseits der Geografie kann Vielfalt entstehen. Vielleicht erkennt die Partei, dass junge Menschen einen komplett anderen Bedarf haben als ältere. Als Antwort darauf entstehen unterschiedliche Strukturen, Prozesse und Angebote. Diese Vielfalt ist nicht zentral steuerbar. Sie ist weder planbar noch koordinierbar durch den Parteivorstand oder ein anderes zentrales Gremium. Sondern sie muss dezentral heranwachsen, getragen durch das selbstorganisierte Engagement der jeweils Aktiven. Und trotzdem findet sich diese Vielfalt wieder unter dem Dach *einer* Partei, die *einen* Purpose hat, ein *gemeinsames* Set kultureller Werte … und so weiter.

Dezentrale Parteien in der Praxis

Klingt alles gut, aber wie sieht das in der Praxis aus? Klassische Parteien organisieren sich in Gliederungen für Länder, Bezirke, Unterbezirke, Städte, Ortsteile und so weiter. Diese Gliederungen sind zwar offiziell autonom. Trotzdem bilden sie insgesamt eine pyramidenartige hierarchische Organisationsstruktur, in der Neumitglieder ganz »unten«, in den Ortsvereinen, anfangen und sich dann langsam »hocharbeiten« können – die sogenannte Ochsentour. Wer sich gut anstellt, fleißig Flyer verteilt und den Höhergestellten gegenüber loyal ist, darf auf einen Aufstieg in die Landes-, vielleicht irgendwann sogar in die Bundespolitik hoffen.

**Typische Organisations-
struktur klassischer
Parteien**

Bundes-
vorstand und
Bundesparteitag

Landesvorstände
und Landesparteitage

Kreisvorstände und Kreisparteitage

Ortsvorstände und Mitgliederversammlungen

Parteimitglieder

Wir finden, dass das hierarchische Verhältnis zwischen »unter-«
und »übergeordneten« Ebenen – und insbesondere zwischen Kom-
munal- und Bundespolitik, wie wir es aus klassischen Parteien kennen – zu einer schädlichen Dynamik führt. Kommunalpolitik sollte
nicht lediglich die Einstiegsstufe in die »richtige« Politik sein. Sie
ist in unseren Augen eigenständig und wertvoll und braucht unbedingt qualifizierte und engagierte Menschen, die transformative Politik vor Ort machen. Nicht als ersten Karriereschritt, sondern weil
sie ihre Stadt oder Region lieben und verändern wollen. Als solche
sollten sie nicht ganz unten in der Hackordnung der Partei stehen,
sondern auf Augenhöhe sein mit denjenigen, die Europa- oder Bundespolitik machen.

Dasselbe gilt aber auch andersherum. Warum muss, wer Verantwortung für Bundes- oder Europapolitik übernehmen will, sich
immer erst »vor Ort« seine Sporen verdienen? Sind Menschen bessere Politiker:innen, wenn sie erst mal ein paar Tausend Flyer verteilt oder Würstchen gewendet haben? Wir glauben nicht. Klar, den
Bezug zum normalen Leben nicht zu verlieren – das ist unglaublich
wichtig. Aber Menschen in lokale Strukturen zu zwingen, in denen

sie eigentlich gar nicht sein wollen, führt dazu, dass sie auf dem langen Weg »nach oben« frustriert aussteigen. Die Folge: Obwohl eine Partei vielleicht Zehntausende Mitglieder hat, wird die Politik auf Landes-, Bundes- oder Europaebene von nur ein paar Hundert Menschen gemacht, die diese Ochsentour überstanden haben. Was für eine Verschwendung von Wissen und Potenzial!

Würde es besser gehen? Selbstverständlich! Wir schlagen für die transformative Partei eine Struktur vor, die nicht in hierarchisierten Gliederungen denkt, sondern in einer Kreisstruktur. Im Kern bedeutet das, dass die Partei sich als einen Organismus versteht, in dem sich unterschiedliche Zellen – die Kreise – um unterschiedliche Aufgaben kümmern. Diese Zellen stehen nicht in einem hierarchischen Verhältnis zueinander, sondern funktionieren als autonome, selbstorganisierte Strukturen, die jeweils allen Engagierten offenstehen.

Aus dieser Logik folgen zwei Grundeinstellungen, die komplett anders sind als in klassischen Parteiorganisationen. Erstens bin ich als Mitglied stets Teil der europäischen Multitude und muss das auch bleiben. Von dort aus wähle ich Kreise aus, in denen ich mitmachen möchte. Damit ändern sich die grundlegenden Funktionsprinzipien der Partei. Die Mitgliedschaft ist nicht zuerst lokal, sondern europäisch. Die Zusammenarbeit ist grundsätzlich überregional und virtuell statt, wie in klassischen Parteien, lokal und analog. Mitglieder sind in ihrer Identität als Engagierte nicht mehr festgelegt auf den Ort, an dem sie leben. Sondern sie können sich ortsunabhängig zu den Themen einbringen, die sie wirklich bewegen – und auch dann kontinuierlich und ohne Brüche mitmachen, wenn sie an einen anderen Ort umziehen.

Machen wir es konkret. Die transformative Partei hat beispielsweise Kreise, die sich der Politik in bestimmten Regionen widmen. Es könnte den Kreis »Politik für Berlin« geben, der in Berlin an Wahlen teilnimmt. Oder den Kreis »Politik für Hamburg«, der an den Hamburger Wahlen teilnimmt. Oder den Kreis »Politik für die Bundesrepublik Deutschland«, der bei den Bundestagswahlen antritt. Jeder dieser Kreise hat einen klaren Daseinszweck, der ihn von anderen Kreisen unterscheidet. Dieser Purpose bestimmt, worum sich der Kreis kümmert und in welchen Grenzen er Entscheidungen treffen kann. Der Kreis »Politik in Berlin« arbeitet also zur Berliner Landespolitik – und nur er. Dafür ist klar, dass er sich nicht um bundes- oder europapolitische Fragen oder Politik in Wolfsburg kümmert.

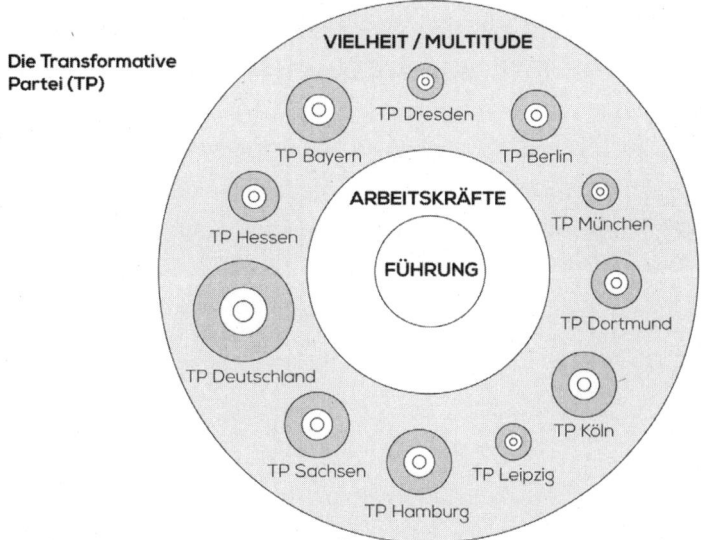

Wenn ich also Hamburgpolitik mitgestalten möchte, trete ich dem Kreis »Politik für Hamburg« bei. Dasselbe gilt für die Bundespolitik. Einfach Teil des Kreises »Politik für die Bundesrepublik Deutschland« werden, und los geht's. Statt die sogenannte Ochsentour machen zu müssen, können Mitglieder und Unterstützer:innen einfach wählen, wo sie sich engagieren möchten. Die Europa- oder Bundesebene steht in der transformativen Partei damit nicht in einem hierarchischen Verhältnis zu anderen Ebenen. Jeder Kreis arbeitet selbstorganisiert und übersetzt den Purpose der Partei auf den jeweiligen Daseinszweck, zum Beispiel Berliner Landespolitik. Für jeden Kreis gilt außerdem, was wir im letzten Kapitel diskutiert haben: Er hat eine Multitude, Arbeitskräfte und eine Führung. Das alles führt zu einer Aufwertung der lokalen Kreise, die nicht mehr als Einstieg in die »richtige« Politik betrachtet werden. Gleichzeitig wird Landes-, Bundes- und Europapolitik zugänglich für Menschen, die keine Ochsentour hinter sich haben.

All das gilt auch für eine europaweit organisierte Partei, nur in einem größeren Maßstab. Der Kreis »Politik für die Französische Republik« nimmt an der Wahl für die Nationalversammlung und den Präsidentschaftswahlen teil. Der Kreis »Politik für Warschau« nimmt an Wahlen in Warschau teil. Und der Kreis »Politik für die EU« tritt bei den Wahlen zum Europäischen Parlament an. Auch hier gilt: Statt sich hocharbeiten zu müssen, wählen Mitglieder und Unterstützer:innen einfach den Kreis, in dem sie sich engagieren und beteiligen möchten.

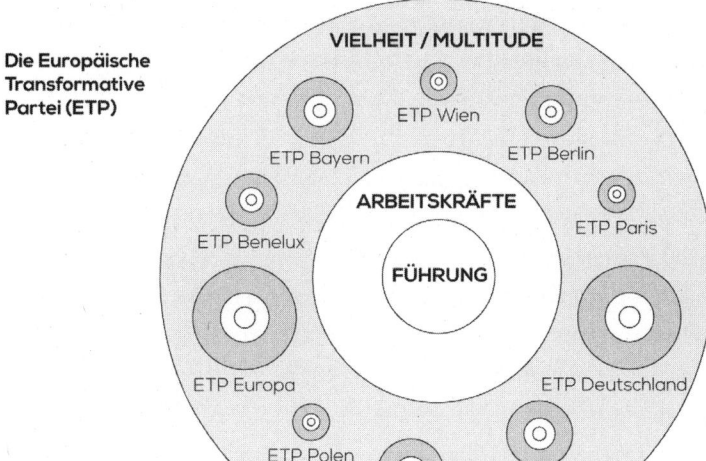

Die Europäische Transformative Partei (ETP)

VIELHEIT / MULTITUDE

ETP Wien
ETP Bayern
ETP Berlin
ARBEITSKRÄFTE
ETP Benelux
ETP Paris
FÜHRUNG
ETP Europa
ETP Deutschland
ETP Polen
ETP Katalonien
ETP Frankreich

Ob und wann die Gründung solcher geografischer Kreise sinnvoll ist, darüber sollte die transformative Partei intensiv diskutieren. Wir würden sagen: niemals aus Selbstzweck, sondern nur in der klaren Absicht, an lokalen, regionalen oder nationalen Wahlen teilzunehmen. Und niemals unvorbereitet, sondern nur, wenn es realistische Chancen auf ein gutes Ergebnis gibt. Dafür kann eine neue Partei Voraussetzungen für die Gründung eines Kreises festlegen, zum Beispiel eine Mindestzahl an Mitgliedern oder ein großartiges Führungsteam. Sonst ist die neue Gliederung eine Totgeburt und verbraucht lediglich wertvolle Ressourcen.

Das alles setzt voraus, dass die einzelnen Kreise hohe Autonomie und Selbstorganisation genießen. Mit einer wichtigen Einschränkung: Wir denken, dass der grundlegende Identitätskern der Partei – also insbesondere Purpose und kulturelle Werte, das Verständnis von Demokratie und Führung, die Rolle von Vielfalt und Agilität –

für alle ihre Kreise gelten muss. Das ist wichtig, damit die Kreise gemeinsam nicht nur ein loses Bündnis, sondern eine schlagkräftige Organisation bilden.

Europäisch ab dem ersten Tag

Mithilfe dieser Organisationslogik entsteht eine dezentrale Partei, die europäisch denkt, aber auch lokal stark verankert und schlagkräftig ist. Wir wollen nicht leugnen, dass der Versuch, eine solche Partei aufzubauen, gewagt ist. Europa ist groß und vielfältig. Physische Distanz, kulturelle Unterschiede und Sprachbarrieren machen die Sache nicht einfacher. Aber das kann man alles bewältigen. Die echte Bremse sind die Hürden im eigenen Kopf, die europäische Parteien und deren Umsetzbarkeit so schwer vorstellbar machen. »Eine europäische Partei? In und für ganz Europa? Wie soll denn das funktionieren?«

Die gute Nachricht: Im Kleinen funktioniert es bereits. 2016 wurde von dem ehemaligen griechischen Finanzminister Yanis Varoufakis und anderen europäischen Intellektuellen die linke Bewegung DiEM25 (Democracy in Europe Movement 2025) ins Leben gerufen. Diese Bewegung hat nach eigenen Angaben über 100.000 Unterstützer:innen in ganz Europa und gründet seit 2019 an die Bewegung gebundene Parteien, um an Wahlen teilnehmen zu können. Und noch eine weitere bereits existierende Partei versteht sich als zuerst europäisch: Volt Europa wurde 2017 von einem Italiener, einer Französin und einem Deutschen gegründet und hat nach eigenen Angaben circa 25.000 Unterstützer:innen in zahlreichen europäischen Ländern. Bei der Europawahl 2019 gewann Volt einen Sitz im europäischen Parlament. Beide Parteien sind zuerst europäisch und erst dann national. Wie sie sich entwickeln werden, ist ungewiss. Aber es sind konkrete Beispiele, die zeigen, was möglich ist, wenn wir unsere bisherigen Denkmuster bewusst umlernen und neu überlegen, was denn eigentlich das Richtige ist.

Wer es wagt, eine echte europäische Partei mit dezentralen und selbstorganisierten Gliederungen zu gründen, dem gebührt unser größter Respekt. Wir sind überzeugt davon, dass europäische Parteien andere Perspektiven eröffnen, die wir unbedingt brauchen, um neue Antworten auf Herausforderungen wie globale Ungleichheit, Klimawandel und die Bedrohung von Rechtsstaatlichkeit und Demokratie zu finden und umzusetzen.

Im Sinn der Sache: Ein Plädoyer für Führung

Führung ist in fast allen Organisationen ein vertracktes Thema. Das gilt in Parteien ganz besonders. Klar, es braucht Führung, auch und gerade in dezentralen, vor allem von Freiwilligen getragenen Parteien. Die Frage ist nur, was das heißt: »Führung«. Das Spektrum reicht von charismatischem Autoritarismus bis hin zu zahnloser Prozessmoderation – äußerst unterschiedliche Auffassungen, die zu einem guten Teil nicht miteinander kompatibel sind. Gleichzeitig ist Führung eines der »*Make or Break*«-Themen für jede transformative Partei. Wer neu gründet, braucht ab dem ersten Moment Klarheit, welches Führungsverständnis und welche Führungsprinzipien im Sinne von Purpose und Werten erwünscht sind.

Von genial zu hoffnungslos veraltet: Der Ursprung der heutigen Misere

Bevor wir dazu kommen, welches Selbstverständnis und welche Struktur die Führung der transformativen Partei wählen sollte, lohnt sich ein Blick darauf, wie klassische Parteien Führung verstehen und organisieren. Die Wurzeln ihrer Führungsstruktur reichen zurück bis ins wilhelminische Deutschland. Um im analogen Zeitalter des Deutschen Reiches landesweit aktiv sein zu können, organisierten sich die Parteien des späten 19. Jahrhunderts über ein Delegiertensystem. Mitglieder wählten Delegierte, die den Willen ihrer Parteifreund:innen in den übergeordneten Gliederungen repräsentieren sollten. Das ermöglichte die Koordination jenseits der jeweiligen lokalen Ebene. So etablierten die Parteien eine recht funktionale Struktur, in der Delegierte mit Delegierten aus anderen Teilen des Landes beraten und beschließen konnten, was dann für die Partei insgesamt gelten sollte. So entschieden die Delegierten auf Parteitagen im Namen der Mitglieder über wichtige Grundsatzfragen. Dazu gehörte auch die Wahl der Parteiführung. Diese war dann wiederum für die programmatische und organisatorische Leitung der Partei zuständig, um Steuerung und Entscheidungsfähigkeit zwischen den Parteitagen sicherzustellen.

Diese Logik spiegelt sich im heutigen Parteiengesetz, dessen erste Fassung 1967 beschlossen wurde. Dort steht, dass der Parteitag – also die Versammlung der Mitglieder beziehungsweise ihrer Vertreter:innen (sprich Delegierten) – das höchste Gremium einer Partei sein muss. Nicht die Vorsitzenden, nicht die Funktionär:innen, sondern die Mitglieder sind qua Gesetz der Souverän jeder politischen Partei. Daraus entsteht ein Spannungsfeld. Das Parteiengesetz sagt zwar, dass der Parteitag das höchste Organ jeder Partei ist. Aber es sagt eben auch, dass ein Parteitag nur mindestens alle zwei Jahre stattfinden muss. Sehr selten also. Das schiebt dem Vorstand einer Partei, der ebenfalls im Gesetz vorgeschrieben ist, viel Verantwortung zu. Er muss, sei es auf Bezirks-, Landes- oder Bundesebene, zwischen den Parteitagen eine Menge entscheiden, damit der Laden nicht stillsteht.

Was im 19. Jahrhundert galt, gilt heute also immer noch. Die Mitglieder vor Ort wählen Delegierte, die wiederum Delegierte wählen, die dann auf Parteitagen eine Führung wählen. Die Führung entscheidet alles Wichtige und kann sich beim nächsten Parteitag entweder eine Bestätigung oder eben eine Ohrfeige durch die Vertreter:innen der Mitglieder abholen.

Aus unserer Sicht ist dieser Modus genial – für eine Realität ohne

Internet. In einer Welt *mit* Internet hat er hingegen seine Berechtigung verloren. Das Netz bietet eine Infrastruktur, die Mitgliedern eine völlig andere Dimension von Mitwirkung und Mitbestimmung ermöglicht. Mit der Infrastruktur des 21. Jahrhunderts gibt es keinen zwingenden Grund mehr, Mitgliedern lediglich Mitbestimmung zu ermöglichen, indem sie Delegierte wählen. Es gibt keinen Grund mehr, nur alle zwei Jahre ein Votum darüber abzuholen, wie zufrieden die Partei mit dem Handeln ihrer Vorsitzenden ist. Und es gibt keinen Grund mehr, das Engagement der »einfachen« Mitglieder auf ihre Gliederung vor Ort zu beschränken, wenn es jenseits von Parteien inzwischen überall möglich ist, virtuell völlig ortsunabhängig zusammenzuarbeiten.

Sprich: Die analoge Logik von Parteien hatte ihre Berechtigung. Aber sie hat sie verloren, weil unsere Lebenswelt heute eine komplett andere ist als 1967, als das Parteiengesetz geschrieben worden ist. Und das hat auch Auswirkungen darauf, wie politische Parteien heute mit Führung umgehen sollten.

Autoritär und misstrauisch: Führungskultur in klassischen Parteien

In den klassischen Parteien hat sich in den vergangenen Jahrzehnten eine Führungskultur als Norm entwickelt, die dazu neigt, zentralistisch zu entscheiden und die wirklich wichtigen Entscheidungen auf informellem Wege auszuhandeln, anstatt in einen offenen Beteiligungsprozess zu gehen. Die Wurzel dieses Führungsverständnisses liegt im oben beschriebenen Delegiertensystem. Wo Funktionäre und Apparatschiks die Königsmacher:innen auf Parteitagen sind, machen intransparente Cliquenbildung und informelle Macht- und Beeinflussungsstrukturen Sinn. Schließlich geht es um das Organisieren von Mehrheiten in einer überschaubar großen Gruppe, fernab von basisdemokratischen Aushandlungsprozessen.

Doch nicht nur das Delegiertensystem bedingt die intransparente, informelle Führungskultur der klassischen Parteien – auch die deutsche Kultur tut es. Fast alle klassischen Parteien, mit Ausnahme der Grünen, spiegeln das autoritäre, patriarchalische Führungsverständnis, von dem Deutschland geprägt war und an vielen Stellen heute noch ist. In dieser Tradition kann Führung nur stark sein, wenn sie dominiert und ansagt, wo es langgehen soll. Führung wird nur dann anerkannt, wenn sie der Partei – eigentlich ihrem Souverän – den eigenen Willen aufzwingen kann. Starke Führung wird mit den Alpha-Qualitäten Einzelner gleichgesetzt: Dominanz, kompromisslose Willensstärke und so weiter. Zwar etabliert sich langsam ein Verständnis dafür, dass Führung auch anders aussehen kann: moderierender, integrierender, weniger ego-bezogen. Trotzdem existiert bei vielen Mitgliedern nach wie vor die Sehnsucht nach einer starken, charismatischen Führungspersönlichkeit, die im Zweifel sagt, wo es langgeht.

Die autoritäre Führungstradition Deutschlands paart sich mit einer Kultur des Misstrauens gegenüber dem »einfachen« Parteimitglied. Diese Haltung wurzelt in einem Dünkel, von dem die deutsche Elite seit Langem geprägt ist: Was, wenn man das Volk wirklich herrschen ließe? Die Grundannahme ist, dass die gemeine Bürger:in zu doof, zu ichbezogen oder zu desinteressiert sei, um wirklich relevante Entscheidungen zu treffen. Die Führungseliten der klassischen Parteien spiegeln diese Haltung an vielen Stellen wider. Informelle elitäre Netzwerke innerhalb der Parteien setzen alles daran, das Heft des Handelns in der Hand zu behalten und nicht zu viel Entscheidungsmacht an die Mitglieder zu geben.

Gescheiterte Gegenentwürfe: Warum Piraten & Co. gestrandet sind

Ein veralteter Rechtsrahmen, autoritäre Führungskultur und Misstrauen gegenüber den eigenen Mitgliedern – all dies führt dazu, dass die innerparteiliche Demokratie in klassischen Parteien stets unter ihrem Potenzial geblieben ist. Nicht etwa, weil die böse Führung der guten Basis ihre Demokratie vorenthalten hätte. Sondern weil beide Seiten über Jahrzehnte weder willens noch bereit waren, die Idee des Demokratischen zu beleben und weiterzuentwickeln.

Heute ist die Lage eine andere, zumindest in Teilen. Viele Bürger:innen sind enttäuscht und desillusioniert ob der klaffenden Lücke zwischen demokratischem Anspruch und demokratischer Wirklichkeit in politischen Parteien. Zeit also, etwas zu ändern. Denn die Durchschlagskraft jeder transformativen Partei steht und fällt damit, dass echte Deliberation, echte Mitwirkung und Mitentscheidung für diejenigen möglich werden, die sich aktiv einbringen wollen. Und dafür braucht es eine gute, zeitgemäße Führung im Dienste von Purpose und Werten. Führung, die es als ihre Kernaufgabe sieht, das Engagement der Mitglieder zu befördern und in klugen Prozessen zu organisieren. Führung, die eine Kultur der funktionalen Dezentralität stärkt und sich selbst dem Anspruch aussetzt, das Bestmögliche aus der Mitwirkung und Mitentscheidung der Aktiven herauszuholen.

Diesen Gedanken hatten natürlich schon andere vor uns. In den vergangenen Jahren gab es auch in Deutschland immer wieder Parteineugründungen. Einige dieser neuen Kräfte, zum Beispiel die Piratenpartei oder *Demokratie in Bewegung*, hatten zum Ziel, das Verhältnis zwischen Führung und Basis anders zu organisieren als bislang üblich. Sie wollten eine Kultur der echten Mitwirkung und Mitentscheidung bieten, in klarer Abgrenzung zu dem, was in den klassischen Parteien sonst üblich ist. Aber keine dieser Parteien war dauerhaft erfolgreich. Das lag auch daran, dass sie sich so stark als Gegenmodell zu den klassischen Parteien verstanden. Anstatt einen wirklich eigenen Weg zu beschreiten, entschieden sie sich dafür, Antithese zu sein. Wo klassische Parteien das Repräsentationsprinzip hochhalten, predigten diese Parteien direkte Demokratie als Gegenmittel. Wo klassische Parteien die äußerst starke Stellung von Führungsgremien verteidigen, versuchten die neuen Kräfte, den einzelnen Mitgliedern möglichst viel Entscheidungsmacht zu geben. Wo klassische Parteien intransparente Entscheidungen als normal akzeptieren, übten sich die neuen Parteien in andauernder und allumfassender Transparenz.

Und dieser Wechsel von einem Extrem ins andere ging nicht gut. Führung mag in klassischen Parteien an vielen Stellen zu viel Entscheidungsmacht haben – in den neuen Parteien hatte sie zu wenig. Mitglieder in klassischen Parteien mögen zu wenig mitentscheiden können. Aber in den neuen Parteien waren sie schnell überfordert von der Permanenz und Vielzahl der Entscheidungsmöglichkeiten. Und wo klassische Parteien zu viel auf informellem Weg aushandeln, fielen die neuen Kräfte in ein anderes Extrem: Transparenz musste immer und überall herrschen, egal ob zielführend oder nicht.

Für starke Führung im Sinne der Sache

Der Umkehrschluss, dass in Parteien alles besser wird, wenn die Führung schwach ist – der funktioniert also offensichtlich nicht. Aber muss es nicht etwas geben zwischen dem zahnlos-direktdemokratischen und dem autoritär-repräsentativen Ansatz? Wir meinen: Ja. Muss es. Und ja, gibt es.

Kurz gesagt plädieren wir also für eine Führung mit starker Stellung, die nach außen repräsentiert, nach innen integriert und ein ausgeprägtes Verständnis davon hat, wann sie direkt und selbst entscheiden muss und wann es die Mitwirkung der Mitglieder braucht. »Stark« bedeutet dabei natürlich nicht, dass die Führung breitbeinig und dominant auftreten soll. Selbstbewusst, durchsetzungsstark und mit Zug nach vorne, ja. Aber eben in einer Haltung, die dialogisch, offen für Feedback und im Dienst der größeren Sache steht. Es geht also nicht um das Entweder-oder, sondern um eine kluge Synthese der Führungsstile im Sinne des größeren Ganzen.

Die Führung ist Dienerin des Purpose und der Werte der Partei. Sie ist dafür verantwortlich, Rahmenbedingungen zu schaffen, in denen Mitgliedern dauerhaft wirksames Engagement möglich ist. Nicht irgendwelches Engagement, sondern in Bezug auf den Daseinszweck der Partei. Führung sorgt dafür, dass Strukturen und Prozesse so aufgesetzt sind, dass eine funktionale Kultur der Dezentralität und Selbstorganisation heranwächst. Gleichzeitig hat Führung eine orientierende Funktion. Sie setzt strategische Impulse sowohl programmatischer als auch organisatorischer Art, organisiert und ordnet so den parteiinternen Diskurs. Sie hat also eine Position und Meinung, steht für etwas. Und sie ist, ganz klar, Gesicht der Partei, nach innen wie nach außen.

Eine herausfordernde Mischung? Finden wir auch. Umso wichtiger, dass klar ist, was die wichtigste Funktion von Führung ist. Wir glauben nämlich, dass politische Führung dann hervorragend ist, wenn sie ihre Partei immer wieder befähigt, sich auf das Wesentliche zu besinnen. Nämlich die Fragen: »Worum geht es uns eigentlich? Warum sind wir hier? Und welche Prioritäten folgen daraus?« Sprich: Wer Führung übernimmt, muss die Fähigkeit und den Mut mitbringen, immer wieder aus den unzähligen drängenden Themen des Tagesgeschäfts aufzutauchen. Den Blick schweifen zu lassen, die Lage strategisch zu sortieren, die Prioritäten neu zu ordnen – um dann als Impuls- und Richtungsgeber:in Orientierung zu geben.

Das kann nicht jede:r. Wer so handeln soll, braucht eine Vision.

Wo das Land und die Partei hinsollen. Wahrhaft strategische Führung ist also dann gut, wenn sie immer wieder die Zukunft – das, was sein soll – ins Bewusstsein holt. Im Wissen, dass das, was ist, sonst die Wahrnehmung dominiert und das Handeln lenkt.

Doch die Fähigkeit zur Vision, zum Innehalten und zum Blick auf sich selbst – das ist nur die eine Seite der Medaille. Die andere ist, dass gute Führung in der Lage sein muss, zu ermutigen und zu befeuern. Dafür braucht sie Charisma, Idealismus, Menschenliebe, unter anderem. Nichts, was man lernen kann. Aber Eigenschaften, die man bewusst pflegen und ausbauen kann.

All das klingt ziemlich anspruchsvoll, schon klar. Aber wir sind fest davon überzeugt, dass Politik insgesamt einen dringenden Bedarf an derartiger politischer Führung hat. Uns fehlen seit Jahren Persönlichkeiten, die ihre Talente und Fähigkeiten nutzen, um den gemeinsamen Blick auf das zu lenken, was möglich ist, was sein könnte. Menschen, die sich herausnehmen, ihren und unseren Blick auf die wesentlichen Fragen zu lenken, und Antworten anbieten, die brechen mit dem, was bislang Mainstream ist.

Die transformative Partei muss ihr Führungspersonal in die Lage versetzen, sich auf Vision und Strategie zu besinnen und das Wesentliche zu erkennen. Das bedeutet: Führung braucht ein klares Mandat, ebendies zu tun. Ein Mandat, das sagt: Du hast die Aufgabe, in großen Linien zu denken, jenseits der Begrenzungen des politischen Alltagsdiskurses. Und wenn du in den tagesaktuellen Debatten dabei bist, hast du die Aufgabe, aus einer strategischen Perspektive zu erkennen, welche Themen – ob organisatorisch oder programmatisch – einer Entscheidung bedürfen.

Das beinhaltet, dass die Führung der transformativen Partei grundsätzlich die Autorität haben sollte, Entscheidungen zu treffen. Ihre Autorität gilt auch und gerade dann, wenn die tagesaktuelle Politik eine Positionierung verlangt, und zwar schnell. Hier braucht es eine Parteiführung, die in der Lage ist, sich im Sinne des Purpose und der (in dem Fall programmatischen) Werte zu verständigen und dann öffentlich zu positionieren. Nur so kann die transformative Partei im tagespolitischen Geschäft mithalten – denn die aktuelle politische Lage entwickelt sich garantiert schneller als selbst der beste parteiinterne Meinungsbildungsprozess. Dazu gehört auch, dass die Mitglieder ihrer Führung ein eindeutiges Mandat geben, die Partei zu repräsentieren. Denn ohne kompetente und integre Gesichter bringt das beste Programm nichts. Im schnell drehenden Meinungsmarkt sind Führungspersönlichkeiten, die mit Sachkenntnis, persönlicher Integrität und rhetorischen Fähigkeiten die Partei nach außen vertreten, absolut entscheidend für politische Wirkung.

Klingt autokratisch? Finden wir nicht. Denn es ist klar, dass eine starke Führung immer eine lebendige innerparteiliche Demokratie als Gegengewicht braucht. Aber das ist keine Frage von Entweder–oder. Die transformative Partei braucht beides: eine starke Führung, die der Partei hilft, einen strategischen Blick auf sich selbst und ihre Prioritäten zu bewahren. *Und* starke demokratische Prozesse, die Einfluss und Kontrolle der Mitglieder garantieren – wir kommen im nächsten Kapitel darauf zu sprechen, wie das aussehen kann.

Klassische Parteien unterschätzen Organisationsthemen

Damit es eine Führung, wie wir sie oben beschrieben haben, überhaupt geben kann, braucht es mindestens zwei Voraussetzungen: erstens die Aufteilung von politischer und organisatorischer Führung. Und zweitens das Verknüpfen von Wahlämtern mit gewissen Voraussetzungen, was Kompetenzen und Qualifizierungen angeht.

Wir hatten im Kapitel »Die Kraft der Vielen« schon angeschnitten, dass die transformative Partei klar unterscheidet zwischen politischer und organisatorischer Führung. Die politische Führung kümmert sich darum, den Purpose in Programm und politische Arbeit zu übersetzen und diese dann in den demokratischen Institutionen durchzusetzen und in der Öffentlichkeit dafür zu werben. Die organisatorische Führung wirkt hingegen in die Partei hinein. Sie hütet die kulturellen Werte, sorgt für Prozesse erster Güte, entwickelt die Organisation und so weiter. Politische und organisatorische Führung sind zwei Seiten derselben Medaille. Erfolgreich kann die transformative Partei nur dann sein, wenn beide Seiten gut besetzt sind und sich auf Augenhöhe begegnen. Mit Menschen, die ein Rollenverständnis und Kompetenzen mitbringen, welche ein Ausfüllen der jeweiligen Rolle im Sinne der übergeordneten Sache ermöglichen. Darin steckt auch die wichtige Einsicht: Politisch-strategische und organisatorische Führung sind zwei Paar Schuhe. Deshalb macht es keinen Sinn, so zu tun, als könnte sich jede:r jedes Paar anziehen und erwarten, dass man darin gut laufen kann.

Insofern geht die transformative Partei anders mit organisatorischen Führungsthemen um als die klassischen Parteien. Das Thema Organisation wird dort meist behandelt wie das hässliche Entlein: läuft irgendwie mit, ist aber eben nicht so geliebt und geachtet wie die anderen Themen des politischen Lebens. Wer wirklich etwas auf sich hält, profiliert sich als Fachexpert:in und zieht auf diesem Ticket in Richtung Parlament oder sogar Regierung. Ob Umwelt, Innen- oder Außenpolitik: Das sind die Themen, mit denen klassische Parteipolitiker:innen innerparteilich Glanz und Glorie erwerben. Anders schaut es mit Organisationsthemen aus. Um Themen wie Wahlkampf und Kampagne kümmern sich einige noch gern. Aber wenn es um Bereiche wie Personal, Veranstaltungsorganisation, Dienstleister:innenmanagement oder Controlling geht, wird das Feld der Enthusiast:innen schnell dünner. Denn das sind nicht die Themen, zu denen man auf dem Parteitag umjubelte Reden hält. Und wenn es im Rahmen von Kandidaturen zum Schaulaufen kommt, wer bislang das wirklich Tollste gemacht hat – da bekommen diejenigen, die organisatorische Führungsaufgaben übernehmen, meist wenige Lorbeeren ab.

Der desolate Zustand der klassischen Parteien kommt aus unserer Sicht auch daher, dass »zeitgemäße Organisation« dort wenig Ansehen genießt. Dass dort oft mit zu wenig Fachkenntnis und zu geringen personellen und finanziellen Ressourcen hantiert wird, wenn es um die Pflege der internen Strukturen und Prozesse geht. Für die transformative Partei sind Organisationsthemen hingegen von höchster Priorität. Sie versteht, dass ihr inneres Betriebssystem, ihre Strukturen und Prozesse unmittelbare Auswirkungen auf die Schlagkraft ihrer politischen Arbeit haben. Organisationsfragen sind deshalb Themen für die oberste Führung, auf Augenhöhe mit den politischen Themen. Nicht die hierarchische Ebene unterscheidet die beiden, sondern das Anforderungsprofil.

Transformative Parteien wählen also zwei Vorsitzende. Die Rollen, die sie ausfüllen, sind jedoch sehr verschieden. Die politische Vorsitzende ist verantwortlich für die strategische Entwicklung des Programms, thematische Positionierungen und die Repräsentation der Partei nach außen. Die organisatorische Vorsitzende hat die Aufgabe, Kultur, Struktur und Prozesse der Partei im Sinne von Purpose und kulturellen Werten zu entwickeln. Sie wirkt vor allem nach innen und sieht zu, dass der Laden auf der Höhe der Zeit bleibt. Die beiden Vorsitzenden leiten gemeinsam den Parteivorstand, der ebenfalls aus zwei Teilen besteht: einem politischen und einem organisatorischen.

Wir wollen dich, wenn ...: Voraussetzungen für Wahlämter

Aber macht diese Ausdifferenzierung der Führungsrollen wirklich einen Unterschied? Wir meinen: Nein – außer die transformative Partei geht auch den logischen zweiten Schritt und bindet ihre Wahlämter an gewisse Eingangsvoraussetzungen. Je nachdem, für welches Amt man kandidiert, muss man in der transformativen Partei die passenden Qualifikationen mitbringen. Denn egal, wie gut die Strukturen sind, ohne qualifiziertes Führungspersonal geht es nicht.

Klingt selbstverständlich? Ist es aber nicht. In den klassischen Parteien ist es so, dass jede:r für jeden Posten kandidieren kann. Die transformative Partei macht es anders. Sie will sicherstellen, dass Führungspositionen durch qualifizierte und kompetente Menschen besetzt sind. Entsprechend gibt es formale Voraussetzungen, um in ein Führungsamt gewählt werden zu können. Welche – das hängt von der jeweiligen Rolle ab, um die es geht.

Nehmen wir den organisatorischen Vorstand als Beispiel. Die organisatorische Führung hat die Prozesshoheit über die organisatorische Gesamtentwicklung der Partei. Deshalb ist es aus unserer Sicht sehr wichtig, dass die Partei darauf achtet, nur solche Personen auf diese Posten zu wählen, die hierfür nachweislich ausreichende Qualifikationen mitbringen. Das können fachliche Ausbildungen sein, Arbeitserfahrung in anderen Branchen und Organisationen oder die nachgewiesene Fähigkeit zur Personalführung, um ein paar Beispiele zu nennen.

Es mag vielen komisch vorkommen, Zulassungsbeschränkungen für Parteiposten zu formulieren. Aber wir finden es noch viel sonderbarer, *keine* Kriterien für diese wichtigen Jobs zu haben. Denn das öffnet der informellen Postenschacherei und professionellen Stümperei Tür und Tor, wie wir in klassischen Parteien leider viel zu häufig sehen. Umso wichtiger, dass die Purpose-Partei Kriterien für ihr

Personal findet, die eine transparente Bewertung zulassen, ob ein:e Bewerber:in ausreichend qualifiziert für einen Führungsposten ist oder nicht.

Mut zu anderen Wegen

Ein anderes Selbstverständnis, getrennte Vorstände, Qualifikationschecks – sichert all das eine gute Führung? Natürlich nicht. Für gute Führung in politischen Parteien gibt es weder Patentrezepte noch Garantien. Dafür ist die Aufgabe schlicht zu komplex. Die besten Prinzipien, Strukturen und Regeln bringen nichts, wenn am Schluss die Personen fehlen, die diesen Rahmen mit Leben füllen. Integre, durchsetzungsstarke, charismatische, visionäre, qualifizierte Menschen, die bereit sind, in Verantwortung zu gehen und fürs Ganze einzustehen.

Aber: Wir glauben, dass die bewusste Organisation von Führung einen sehr wichtigen Beitrag dazu leistet, dass die Purpose-Partei erfolgreich sein kann. Dabei ist es mit der Umsetzung unserer Vorschläge natürlich nicht getan. Das sind nur einige von vielen möglichen Ideen dafür, wie transformative Parteien Führung anders und besser organisieren können, als klassische Parteien es heute tun. Sie sollen Impulse dafür geben, mit dem Thema bewusst umzugehen und einen strukturellen Rahmen zu bauen, der die Chance auf gute Führung erhöht. Das braucht es. Gerade weil transformative Parteien anders diskutieren und entscheiden, als wir es von klassischen Parteien gewohnt sind. Wie das genau aussieht – dazu kommen wir im nächsten Kapitel.

Gut entscheiden: Demokratie ja, aber welche?

Als im Herbst 2016 die Grundlagen für die Partei Demokratie in Bewegung gelegt wurden, war die Euphorie groß. Ein »Neuanfang für die Demokratie« sollte es werden. Nur zwei Jahre später ist die Partei erschöpft, gelähmt und zerstritten. Was war passiert?

Ich, Clemens, erinnere mich besonders an einen Antrag, den ich mit einigen anderen erarbeitet hatte. Unser Ziel war es, die internen Entscheidungsprozesse bei Demokratie in Bewegung zu verbessern. Der bisherige Weg – alle stimmen basisdemokratisch über jede inhaltliche Position der Partei einzeln ab – schien uns dysfunktional. Es fehlte oft die inhaltliche Tiefe, und auch die Beteiligung der Mitglieder sank rapide ab. Kein Wunder, denn wer hat schon Lust und Zeit, sich ständig zu allen möglichen Fragen der Außen- und Innen-, Wirtschafts- und Finanz-, Klima- und Bildungspolitik ein Urteil zu bilden?

Unser Vorschlag sah vor, dass es weiterhin möglich sein sollte, direkt zu Themen abzustimmen, die einem am Herzen lagen. Für andere Themen aber, die einem weniger wichtig sind oder in denen man sich nicht so sicher fühlt, sollte es zusätzlich möglich sein, seine Stimme an andere Mitglieder zu übertragen. Wir rechneten mit großer Zustimmung und waren überrascht über den Gegenwind, den unser Antrag bekam. Schnell wurde klar: Einige Mitglieder, die neu dazugekommen waren, wollten lieber, dass alles beim Alten blieb. Basisdemokratie war für sie das höchste Gut. Die Debatte, die sich ergab, war nur eine von unzähligen Diskussionen darüber, wie die innerparteiliche Demokratie bei Demokratie in Bewegung aussehen sollte. Völlig unterschiedliche Vorstellungen trafen dabei aufeinander. Die einen wünschten sich eine eher klassische Top-down-Partei, in der der Vorstand fast alles alleine entscheidet. Andere dagegen wollten extrem flache Hierarchien, offene Arbeitsgruppen und am liebsten gar keine Vorstände mehr.

Nachdem die Konflikte eine ganze Weile ungelöst geschwelt hatten, explodierten sie schließlich, als es um die Europawahl 2019 ging. Um progressive Kräfte zu bündeln, schlugen einige vor, mit einer anderen Partei ein Wahlbündnis zu formen. Aber nach all den Diskussionen war völlig unklar, wer überhaupt die Legitimation hatte, Verhandlungen zu führen. Alle? Geht nicht. Nur wenige, zum Beispiel der Vorstand? Das fanden viele undemokratisch. Der Vorstand in enger Abstimmung mit der Basis? Dafür fehlten die Prozesse. Nach einigen Versuchen wurde schließlich ein mutloser Kompromiss gefunden, um die Konflikte zu befrieden. Das war der Anfang vom Ende für Demokratie in Bewegung. Die Europawahl endete mit einem enttäuschenden Ergebnis, und viele der Aktiven verließen die Partei. Nur zwei Jahre nach ihrer Gründung zerbrach die junge Partei an dem andauernden Streit über die Frage, welche Demokratie die richtige sei.

Wie immer neue Enttäuschungen zu Misstrauen führen

Dieses kleine Protokoll zeigt eine Konfliktlinie, die neue wie klassische Parteien immer tiefer durchzieht. Viele Mitglieder fordern lauthals direktdemokratische Entscheidungsmöglichkeiten und begegnen den bisherigen Führungs- und Beteiligungsstrukturen mit viel Misstrauen. Daraus folgen teils heftige Konflikte über die internen Strukturen – und die Frage, was innerparteiliche Demokratie denn nun bedeuten soll.

Ist das falsch? Nicht unbedingt. Zumindest können wir nachvollziehen, woher das Misstrauen dieser Mitglieder kommt. Sie sind
meist enttäuscht vom zentralistisch-autoritären Führungsstil, wie
wir ihn aus klassischen Parteien kennen, von Seilschaften und mangelnden Mitbestimmungsmöglichkeiten. Deshalb drängen sie auf
eine Verbesserung der parteiinternen Demokratie. Statt des Dele-
giertensystems wollen sie mehr direkten Einfluss und eine bessere
Kontrolle der Mächtigen. Nicht mehr nur die Parteispitze soll entscheiden, sondern alle – was auch geht, seit digitale Technologien
selbstverständlich zum Alltag gehören. Manche finden sogar, dass
einzelne Politiker:innen eher Sprecher:innen der Basis sein sollten,
statt ihre eigenen Positionen zu vertreten.

Diese Ideen sind nicht neu; schon die Grünen versuchten in ihrer
Gründungszeit, sich basisdemokratisch zu organisieren. Seit einigen Jahren erfahren direkt- und basisdemokratische Prinzipien eine
Renaissance, insbesondere durch die zahlreichen aktivistischen Be-
wegungen weltweit. Occupy Wallstreet, die Indignados in Spanien,
Nuit debout in Frankreich, Extinction Rebellion – sie alle prakti-
zierten und praktizieren radikale Basisdemokratie. In ihren Camps,
häufig auf besetzten Plätzen, sollte es keine Hierarchien mehr geben,
sondern Diskussionen und Abstimmungen, die offen für alle sind.
Die Ideen, Erfahrungen und Technologien, die auf Grundlage dieser
Experimente entstanden, reisten um die Welt und prägen heute die
Debatte darüber mit, wie ein guter demokratischer Prozess aussieht.
Selbst in konservativen Parteien wird mittlerweile verstärkt die Par-
teibasis eingebunden, etwa wenn es um die Wahl neuer Vorsitzender
geht.

Was ist Demokratie?

Was bedeutet das für die transformative Partei? Soll sie sich an den radikal basisdemokratischen Bewegungen orientieren oder doch eher an den etablierten Parteien und ihren klassischeren Strukturen der Entscheidung und Mitbestimmung? Ist mehr direkte Mitbestimmung der Mitglieder unverantwortlich, sobald es um die wirklich große Politik geht, oder gerade zeitgemäß? Braucht es vielleicht ganz andere Formen von Demokratie? Um all das beurteilen zu können, müssen wir zunächst verstehen, was innerparteiliche Demokratie eigentlich meint. Oder meinen kann.

Zunächst: Parteien sind grundsätzlich demokratisch organisiert, das verlangt das Grundgesetz so. Wie diese Demokratie aber genau aussehen soll – das verrät das Gesetz nicht. In der Praxis haben sich drei unterschiedliche Formen herausgebildet: die repräsentative, die direkte und die konsultative Demokratie.

Der wichtigste Unterschied zwischen diesen Typen von Demokratie ist wohl die Antwort auf die Fragen »Wer entscheidet?« und »Wie viele entscheiden?«. In der repräsentativen Demokratie entscheiden die Parteimitglieder lediglich, wer entscheidet. Das bedeutet, dass Mitglieder Menschen wählen, die dann, so legitimiert, Entscheidungen treffen dürfen, bis eine Neuwahl ansteht. In der direkten Demokratie dagegen sind es die einfachen Parteimitglieder selbst, die entscheiden. In offenen Versammlungen oder Onlineabstimmungen gilt das Prinzip »Ein Mensch, eine Stimme« – jede Stimme zählt gleich viel und ist gleich wertvoll. Die konsultative Demokratie wiederum ist eine Art Mischung. Die Mitglieder dürfen zwar üblicherweise nicht selbst entscheiden, werden aber zumindest nach ihren Meinungen und Präferenzen gefragt. Entscheidungsträger:innen gewinnen so zusätzliche Perspektiven auf ein Thema, ohne auf ihre Entscheidungsautorität zu verzichten.

	Repräsentativ	Direkt	Konsultativ
Wie viele entscheiden?	Wenige	Viele	Einige
Wer entscheidet?	Gewählte Repräsentant:innen	Alle, die abstimmen	Meistens gewählte Repräsentant:innen

Trotz seiner grundlegenden Offenheit für verschiedene Formen der Demokratie spricht das Grundgesetz der repräsentativen Demokratie in Deutschland eine besonders starke Stellung zu. Statt dass die Bürger:innen direkten Einfluss auf Bundesgesetze nehmen können (wie das zum Beispiel in der Schweiz der Fall ist), wählen wir Abgeordnete, die lediglich ihrem Gewissen verpflichtet sind – das sogenannte *freie Mandat*. Auf Länder- und vor allem auf der kommunalen Ebene gibt es zwar einige direktdemokratische und konsultative Elemente, aber auch dort spielt die repräsentative Demokratie die wichtigste Rolle. Um die direkte Demokratie zu stärken, würden deshalb manche ihrer Anhänger:innen Abgeordnete gerne stärker an die Entscheidungen ihrer Partei binden. *Imperatives Mandat* nennt sich diese recht umstrittene Idee. In den Diskussionen um das imperative Mandat geht es häufig um dessen juristische Zulässigkeit. Doch dahinter steht letztlich die wichtige Frage: »Welche Demokratie wollen wir?«

In allen klassischen und auch den uns bekannten neueren Parteien finden wir jeweils unterschiedliche Mischformen der drei genannten Demokratieverständnisse. Das heißt, dass alle Parteien repräsentative, direkte und konsultative demokratische Prozesse haben. Doch die Gewichtung und Zusammensetzung dieser Zugänge unterscheidet sich je nach Partei. Manche Parteien vertrauen fast ausschließlich auf die repräsentative Demokratie (zum Beispiel die CDU), während andere Parteien mehr Wert auf konsultative und direkte Demokratie legen (zum Beispiel die Grünen). Diese Zusammensetzung bezeichnen wir als das *Demokratieverständnis* einer Partei. Ein solches Verständnis ist nicht in Stein gemeißelt, aber tief in den kulturellen Werten, Traditionen und Regeln einer Partei verwurzelt. Einmal etabliert, ist es nur schwer zu ändern, vielleicht ist das sogar unmöglich.

Warum das alles wichtig ist? Weil es mit dem Demokratieverständnis so ist wie mit Ideologie und kulturellen Werten auch – jede Partei hat eins, ob sie will oder nicht. Die Frage ist lediglich, ob eine neue Partei zu Beginn bewusst ein bestimmtes Demokratieverständnis festlegt oder ob sie dessen Entwicklung dem Zufall überlässt. Wir plädieren entschieden für Ersteres, aus zwei Gründen. Erstens zieht ein ungeklärtes Demokratieverständnis verschiedenste Menschen an, die alle ihre jeweiligen Hoffnungen und Sehnsüchte auf die neue Partei projizieren. Schon bald werden dann direktdemokratische Idealist:innen auf realpolitische Machtmenschen treffen und einen Kleinkrieg um die innerparteiliche Demokratie beginnen – siehe die Geschichte zu Beginn dieses Kapitels. Zweitens hat das Demokratieverständnis einer Partei großen Einfluss darauf, ob eine Partei überhaupt in der Lage ist, transformative Politik zu machen. Wir finden deshalb, dass es weniger eine Frage des persönlichen Geschmacks sein sollte, für welche Form der Demokratie sich eine Partei entscheidet. Es sollte um die Frage gehen, was es braucht, damit weitsichtige, verantwortungsvolle und transformative Politik möglich wird. Mit dem Demokratieverständnis der klassischen Parteien, so unsere These, wird das nicht funktionieren.

Die transformative Partei braucht also ein eigenes, an Purpose und Politikverständnis angepasstes Demokratieverständnis. Bevor wir darüber sprechen, wie solch ein zeitgemäßes, transformatives Demokratieverständnis aussehen könnte, müssen wir zunächst die Stärken und Schwächen der einzelnen Formen besser verstehen.

Was spricht für beziehungsweise gegen repräsentative, direkte und konsultative Demokratie?

Repräsentativ vs. direkt vs. konsultativ

Fangen wir an mit der Form, die wir am besten kennen: die repräsentative Demokratie. Für sie spricht vor allem ihre Stärke, schnelle und informierte Entscheidungen zu treffen. Logisch: Es scheint wahrscheinlicher, dass eine kleine Gruppe gewählter und erfahrener Menschen zu einem verantwortungsvollen und guten Ergebnis kommt als eine große Gruppe, deren Mitglieder weniger relevantes Wissen und keine relevanten Erfahrungen mitbringen. Zumal gewählte Repräsentant:innen in Deutschland oft eine finanzielle Entschädigung für ihre Arbeit erhalten – Geld, das ihnen ermöglicht, sich Zeit für die Auseinandersetzung mit Themen zu nehmen, die entschieden werden müssen.

Doch diese Konzentration auf wenige kann dazu führen, dass die Repräsentant:innen mit der Menge und der Komplexität von Entscheidungen überfordert sind – und dass sie die Beweggründe für ihre Positionierungen und Entscheidungen nicht gut an die Meinung und Informationsbedürfnisse der Parteimitglieder rückkoppeln. Diese Repräsentant:innen bilden sozusagen ein Nadelöhr, das schnell verstopfen kann. Hinzu kommt: Die Stärke der repräsentativen Demokratie, nämlich die Professionalisierung, ist auch ihre Schwäche. »Professionelle« Repräsentant:innen entwickeln schnell die Tendenz, sich innerhalb der Grenzen des Machbaren einzurichten und ungewöhnliche Gedanken und Ideen als »nicht umsetzbar« oder Ähnliches abzutun. Diese Haltung ist natürlich Gift für eine transformative Partei, die ja gerade dafür antritt, das angeblich nicht Umsetzbare umzusetzen.

Die Schwächen der repräsentativen Demokratie wecken bei vielen den Ruf nach direkter Demokratie. Ihr Vorteil: Direktdemokratisch getroffene Entscheidungen genießen hohe Legitimität. Schließlich entscheiden nicht wenige, sondern viele, zumindest in der Theorie. Im Parteialltag sinkt die Beteiligung allerdings nach der ersten Euphorie rapide ab, weil die meisten Menschen keine Zeit oder kein Interesse daran haben, sich ständig mit verschiedensten politischen und organisatorischen Fragen auseinanderzusetzen. Die Konsequenz ist paradox: Es entscheiden wieder die wenigen, die – im Unterschied zur repräsentativen Demokratie – noch nicht einmal dafür ausgewählt worden sind. Das sind die mit der meisten Zeit – die Tyrannei einer abstimmenden Minderheit, wenn man so will. Und auch die Fähigkeit der vielen, gute Entscheidungen zu treffen, ist umstritten. Die direktdemokratische Anfälligkeit für Populismus, Polemik und vereinfachte Darstellungen wird häufig kritisiert – je weniger informiert die Abstimmenden sind, desto leichter sind sie durch Fehlinformation und Lügen manipulierbar.

An dieser Stelle kommt die dritte Form ins Spiel: die konsultative Demokratie. Für sie spricht, dass sie die überforderten Verantwortlichen einer repräsentativen Demokratie entlasten und unterstützen kann, ohne dabei in die direktdemokratische Populismus-Falle zu tappen. Entscheider:innen profitieren von dem zufließenden Wissen, behalten aber die Freiheit, ein eigenes Urteil zu fällen. Zudem steigt durch die Beteiligung der Mitglieder die Legitimität der Entscheidung. Doch hier liegt auch das Problem: Konsultative Demokratie ist ziemlich unverbindlich. Es erfordert viel Reife von Politiker:innen, Beteiligungsprozesse, deren Ergebnisse ihrer eigenen Meinung widersprechen, ernst zu nehmen. Viel einfacher ist es, konsultative Demokratie als nettes Extra zu betrachten, das man aber auch gut ignorieren kann, wenn einem die Ergebnisse nicht passen. Wenn das passiert – und die Mitglieder wahrnehmen, dass ihre Unterstützung nicht ernst genommen wird –, enden konsultative Prozesse schnell in Verbitterung und Zynismus. Das ist Gift für jede Partei, weil so demokratische Apathie und Misstrauen zwischen Führung und Basis wachsen.

Transformative Demokratie

Jede Demokratieform für sich allein hat also große Schwächen. Eine Partei mit einem rein repräsentativen System bekommt schnell Legitimitätsprobleme und endet mit der Überforderung der wenigen Personen, die Entscheidungsautorität haben. Eine rein direktdemokratische Partei steht vor enormen Problemen, Beratung und Entscheidung zielführend zu organisieren, und ist absehbar nicht in der Lage, auf schwierige, komplexe Situationen schnell zu reagieren. Ein rein konsultatives System wiederum ist viel zu unverbindlich. Es gibt also gute Gründe für die Mischformen, die wir bei klassischen Parteien sehen. Die Frage sollte demnach nicht sein, ob repräsentativ, direkt oder konsultativ das beste System ist. Sondern in welcher Beziehung die drei Demokratieformen zueinander stehen sollen. Welche Form wird wann genutzt? Und wer entscheidet darüber?

Wir denken: Repräsentative, direkte und konsultative Demokratie müssen nicht miteinander in Konkurrenz stehen, sondern können sich ganz wunderbar ergänzen. Repräsentative Demokratie für die politische Führung. Konsultative Demokratie für das Erarbeiten von politischen Empfehlungen. Direkte Demokratie für Grundsatzentscheidungen.

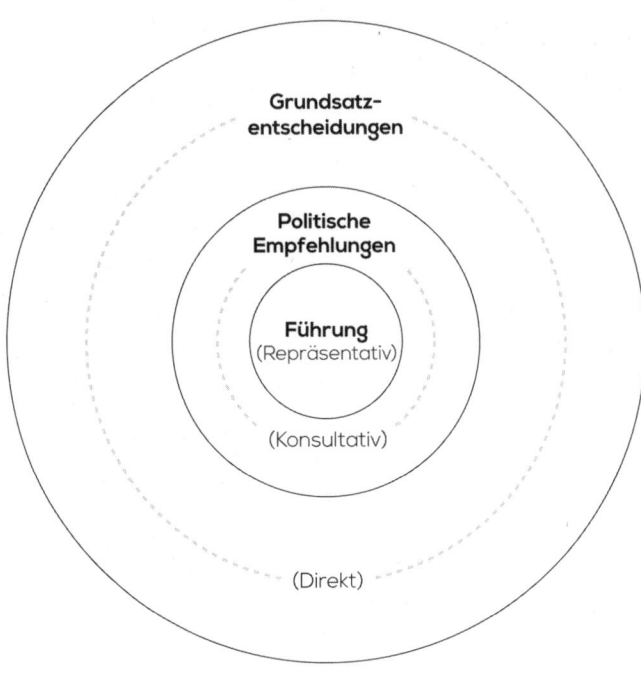

Politische Führung

Schauen wir uns die drei Ebenen genauer an, angefangen bei der politischen Führung. Die transformative Partei braucht eine umsetzungsstarke, inspirierende und strategische Führung. Mit der repräsentativen Demokratie gibt es einen Ansatz, der genau das leistet. Statt dass alle führen und am Ende alle komplett die Orientierung verlieren, einigt sich die Partei auf eine Gruppe von Menschen, die die Führung übernehmen sollen. Wichtig ist dabei, Rolle und Entscheidungsautorität der politischen Führung klar zu definieren. Wozu gibt es ihre Rolle im Kern? Was darf sie entscheiden – und auf welchem Weg? Und was nicht? Welche beiderseitigen Pflichten gibt es, für die Führungsperson gegenüber der Partei, aber auch seitens der Partei gegenüber der Führung? Kurz: Was ist das Führungsverständnis der Partei?

Anders als in klassischen Parteien üblich wählt nicht nur ein kleiner Kreis von Delegierten das Führungspersonal, sondern alle Mitglieder haben Stimmrecht. Per Internet können sie sich über die Kandidat:innen informieren und sie wählen. Warum ist das gut? Erstens ist etwas anderes in Zeiten des Internets nicht mehr zu rechtfertigen. Zweitens schweißt die Wahl des Führungspersonals durch alle Mitglieder die Partei zusammen und verschafft den Kandidat:innen gleichzeitig den nötigen Rückhalt und die Legitimation, die sie für ihre transformative Politik brauchen.

Allerdings ist auch die Wahl durch alle Mitglieder kein Selbstläufer. Wichtig ist zum einen ein gutes Wahlverfahren. Mitglieder können sich unserer Meinung nach über maximal fünf Kandidat:innen eine fundierte Meinung bilden. Eine Wahl mit zwanzig oder dreißig Optionen hat also kaum Aussagekraft. Es gewinnt nicht die Beste, sondern die Lauteste. Besser sind kleinere und mehrstufige Wahlen. Dasselbe gilt für die Informationsformate vor der Wahl: Sie müssen es schaffen, die Prioritäten, Unterschiede, Stärken und Schwächen der Kandidat:innen übersichtlich und verständlich auf den Punkt zu bringen. Bewerbungsvideos und Lebenslauf reichen also nicht aus.

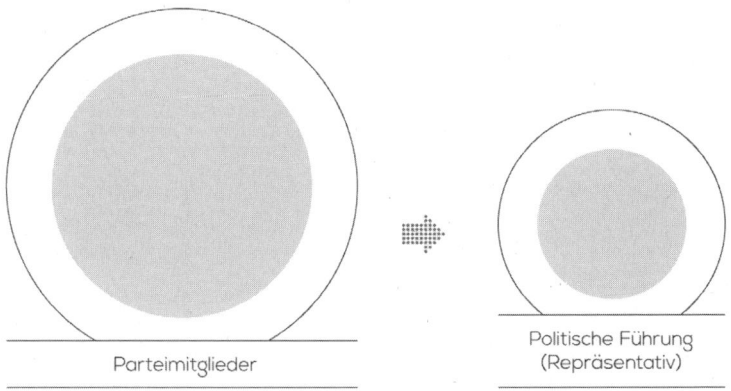

Parteimitglieder

Politische Führung
(Repräsentativ)

Nur wenn sich die Mitglieder schnell, umfangreich und selbstverständlich online informieren können, können sie gute Entscheidungen treffen.

Politische Empfehlungen

Eine starke politische Führung zu haben darf aber nicht bedeuten, dass politische Arbeit, also das Ausarbeiten von Positionen und Strategien, ausschließlich durch das Führungspersonal stattfindet. Es ist nicht Aufgabe politischer Führung, alles zu können, alles zu wissen und zu allem etwas Sinnvolles zu sagen zu haben. Es ist einfach unmöglich, dass eine Handvoll Menschen in der Lage ist, Antworten auf die größten und komplexesten Fragen unserer Zeit zu geben. Versucht man es doch, sind die Ergebnisse bestenfalls mittelmäßig. Was also tun?

Das Zauberwort heißt konsultative Demokratie. Statt dass die politische Führung versucht, alle Antworten selbst zu finden, sollte sie vor allem die richtigen Fragen stellen. Die Antworten auf diese Fragen können dann Menschen suchen, die genau dafür die Verantwortung übertragen bekommen. Das können Parteimitglieder sein oder auch Expert:innen und Sympathisant:innen ohne Mitgliedschaft. Hauptsache, diese Menschen haben die Bereitschaft, an einem Prozess teilzunehmen, an dessen Ende eine gute Antwort auf die ursprüngliche Frage steht. Das kann auf unterschiedlichem Wege passieren, sei es durch parteiinterne Workshops, Gruppendiskussionen, Expert:innen-Komitees oder Interviews mit Betroffenen.

Eine besondere Rolle in der konsultativen Demokratie sollte das sogenannte Losverfahren spielen. Dabei werden die Konsultierten nicht gewählt oder bestimmt, sondern unter allen Mitgliedern ausgelost. In Workshops diskutieren sie dann ausführlich eine bestimmte Thematik, hören Expert:innen an, wägen ab … Am Ende steht eine

Empfehlung, die fundiert und unpopulistisch ist und eine breite Akzeptanz bei den Mitgliedern der Partei erfährt.

Solche Formate und Prozesse fallen natürlich nicht vom Himmel, sondern müssen mit viel Mühe und Fachkenntnis organisiert werden. An dieser Stelle kommt die Rolle der Prozessbegleiter:innen ins Spiel. Sie sind Inspirationsquelle, Ratgeber:innen und Prozessautorität und unterstützen die Verantwortlichen bei der Aufgabe, einen konsultativen Prozess aufzusetzen, der Ergebnisse produziert, die die Partei weiterbringen. Diese Ergebnisse fließen dann zurück in Richtung Führung, einschließlich einer Empfehlung, wie die Partei weiter verfahren soll. Reicht es, wenn die Führung einfach zustimmt? Braucht es eine ergänzende Umfrage unter den Mitgliedern? Oder gar einen direktdemokratischen Beschluss, weil das Thema so grundsätzlich ist?

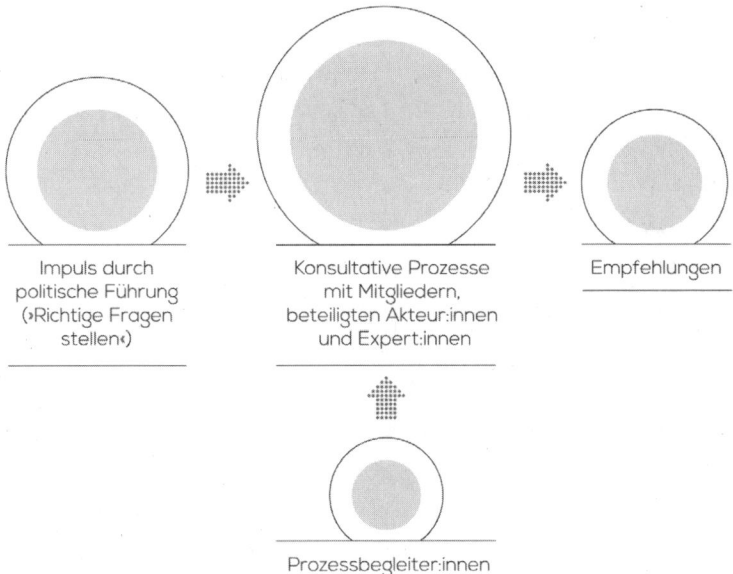

Impuls durch
politische Führung
(›Richtige Fragen
stellen‹)

Konsultative Prozesse
mit Mitgliedern,
beteiligten Akteur:innen
und Expert:innen

Empfehlungen

Prozessbegleiter:innen

Grundsatzentscheidungen

Auf der dritten Ebene geht es um Grundsatzentscheidungen. Sollen Koalitionsverhandlungen mit einem politischen Gegner aufgenommen werden? Geht die neue Wirtschaftspolitik der Partei in die richtige Richtung? Soll ein Bundeswehreinsatz unterstützt werden oder nicht? Fragen wie diese sind keine nebensächlichen Details. An ihnen entscheidet sich, ob eine Partei in Passung mit ihrem Purpose bleibt. Doch gibt es auf sie keine eindeutigen Antworten, denn für beide Seiten lassen sich starke Argumente finden. Stellen wir uns vor, der Purpose einer Partei ist die sozial-ökologische Transformation. In eine Koalition mit einem politischen Gegner einzutreten könnte sie ihrem Purpose näherbringen – oder sie davon entfernen. Oder nehmen wir eine Partei, die die Wirtschaft nach einer schweren Krise wieder aufbauen möchte. Soll die transformative Partei dann darauf abzielen, alle Arbeitsplätze zu erhalten – oder nur solche in nachhaltigen Zukunftsindustrien? Oder eine Partei, die sich für Frieden, Verständigung und die Aufarbeitung des europäischen Imperialismus einsetzt: Ist es richtig, die Bundeswehr an einer UN-Friedensmission teilnehmen zu lassen?

Wenn es auf manche Grundsatzfragen keine eindeutigen Antworten gibt, muss die Partei abschätzen, welcher Weg am besten zu ihrem Purpose passt. Diese Abschätzung, denken wir, sollte direktdemokratisch erfolgen, sprich unter Beteiligung aller Parteimitglieder. Warum? Weil bei Grundsatzfragen die Einsätze schlicht zu hoch sind, um die Abwägung wenigen zu überlassen. Zu groß ist die Gefahr, dass eine kleine Gruppe, zum Beispiel die Parteiführung, unter Druck unkluge Entscheidungen trifft, die der Partei großen Schaden zufügen. Die Mitglieder einer Partei sind die ultimativen Hüter:innen des Purpose – Anlass genug, ihnen grundsätzliche Weichenstellungen in die Hände zu legen.

Das heißt aber nicht, dass repräsentative und konsultative Demokratie bei Grundsatzentscheidungen keine Rolle spielen sollten, im Gegenteil. Der direktdemokratische Entscheid allein ist nur ein kleiner Teil eines komplexeren Prozesses. Direktdemokratischen Abstimmungen geht voraus, dass komplexe Fragen in Tiefe verstanden, durch verschiedene Sichtweisen betrachtet und mögliche Positionen verglichen und bewertet werden. Auch hier geht es also um das Zusammenspiel von repräsentativer, konsultativer und direkter Demokratie.

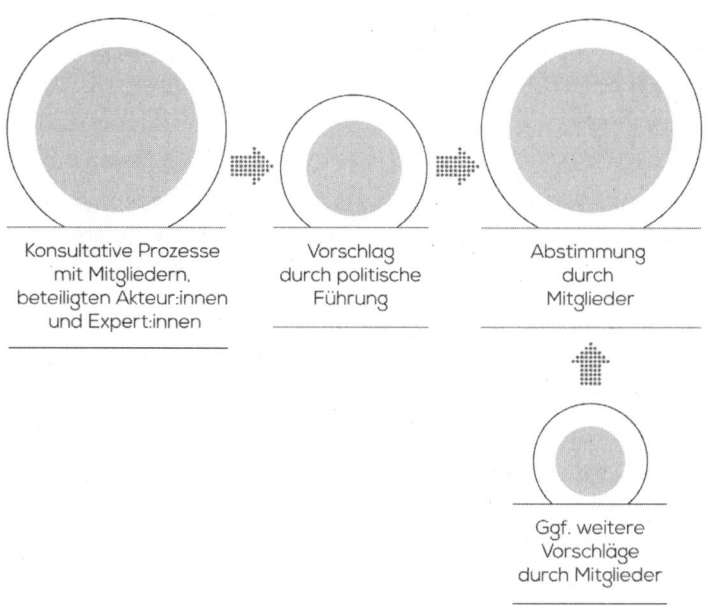

Konsultative Prozesse mit Mitgliedern, beteiligten Akteur:innen und Expert:innen

Vorschlag durch politische Führung

Abstimmung durch Mitglieder

Ggf. weitere Vorschläge durch Mitglieder

Transparenz und Vertrauen: Sauerstoff für die Demokratie

Wo Rufe nach innerparteilicher Demokratie laut werden, ist auch der Ruf nach Transparenz meist nicht fern. Gerade in jungen Parteien ist die Frage, wie viel Transparenz sein muss, oft hoch umkämpft.

Dass Transparenz nicht immer gut ist – das hat Hanno besonders eindrücklich im Rahmen eines Beratungsmandats für die Piratenpartei erlebt. Die Fraktion, die er beriet, hatte die Pflicht, alle Sitzungen übers Netz zu streamen und für Mitglieder zu öffnen. Auch wenn das beim ersten Hören vielleicht gut klingt – es führte am Ende nicht zu mehr Transparenz, sondern beförderte intransparente informelle Schattenstrukturen. Warum? Weil alle heiklen, konfliktbeladenen Themen nach Möglichkeit *vor* Fraktionssitzungen geklärt wurden. Natürlich ohne Livestream und hinter verschlossenen Türen, ohne Protokoll und ohne Zeug:innen. Die angebliche Transparenz wurde so zur Farce. Was aber nicht schlimm war – es schaute nämlich sowieso nie jemand zu.

Die Wut der Enttäuschten

Wir haben im letzten Kapitel schon angesprochen, dass neue Parteien häufig besonders Menschen anziehen, die von anderen Parteien enttäuscht sind und jetzt eine Alternative suchen. Diese Enttäuschten haben für sich gelernt, dass man sie belügt und betrügt, und rechnen nur damit, dass dasselbe in der neuen Partei auch passieren wird. Was tun sie also? Sie kämpfen. Jede Form von Intransparenz und Wissensvorsprung wird angeprangert, jede Form von Hierarchie und Elitenbildung verteufelt. Schnell entsteht so eine vielleicht nicht besonders große, aber doch sehr laute und kaum zu ignorierende Opposition innerhalb der eigenen Partei.

Diese Menschen wollen meist Gutes: nachvollziehbare Entscheidungen, regelkonforme Prozesse und so weiter. Und doch ist ihre Haltung schädlich. Denn statt eine sinnvolle Kontrollfunktion auszuüben, verbreiten sie vor allem Misstrauen. Der Unterschied? Wenn wir kontrollieren, haben wir einen kritischen Blick, sind aber offen dafür, die Situation so gut es geht zu verstehen und zu prüfen. Beim Misstrauen dagegen steht die Antwort schon fest, bevor die Frage gestellt wurde. Also: »Die anderen haben etwas falsch gemacht. Wenn wir keinen Beweis haben, haben wir ihn nur noch nicht gefunden.« Und weil Misstrauen stets weiteres Misstrauen sät, streut diese Haltung wie ein bösartiger Tumor. Schnell entsteht dann die für klassische Parteien typische, von Misstrauen geprägte Dichotomie zwischen Parteiführung und Basis.

Wir halten Vertrauen für die absolute Basis transformativer politischer Arbeit. Wer sich den größten Herausforderungen unserer Zeit stellen möchte, muss seinen Mitstreiter:innen vertrauen. Vertrauen stärkt, Misstrauen schwächt. Wir müssen darauf vertrauen, dass die anderen Mitglieder und Unterstützer:innen unserer Partei den Purpose ebenso im Blick und im Herzen haben wie wir selbst. Menschen, die dieses Vertrauen permanent angreifen, wirken wie Gift. Niemand kann in einer Atmosphäre des Misstrauens wirkungsvoll arbeiten.

Also keine Transparenz? Nein, im Gegenteil. Vertrauen muss mit Transparenz einhergehen, und zwar mehr als heute in klassischen Parteien üblich. Denn natürlich kann es passieren, dass sich die Handlungen der Parteiführung vom Purpose der Partei entfernen. Oder dass einzelne Personen ihre Position eben doch eigennützig missbrauchen. Macht braucht immer auch Kontrolle, und dafür braucht es den kritischen Blick der Mitglieder. Kontrollieren kann aber nur, wer die nötigen Informationen hat, um den Soll- mit dem Ist-Zustand zu vergleichen. Kontrolle braucht also Transparenz. Aber Transparenz ist kein Selbstzweck, sondern Mittel zum Zweck.

Daneben gibt es ein zweites, eher praktisches Argument für Transparenz: Die Verfügbarkeit aller nötigen Informationen ist Voraussetzung für ein effizientes Arbeiten. Wenn überall Black Boxes und Informationssilos entstehen, kann niemand seine Arbeit gut machen. Das gilt für alle Organisationen, aber für transformative Parteien ganz besonders. Denn in ihnen arbeiten Menschen aus sehr verschiedenen Bereichen an hochkomplexen Themen – sei es das Programm für eine Wahl, ein Maßnahmenpaket, eine Strategie oder eine Kampagne. Aber interdisziplinäre Arbeit in komplexen Organisationen ohne Transparenz ist wie Fahrradfahren mit platten Reifen; es geht schon irgendwie, aber man kommt nicht gut voran, und es wird schnell ziemlich anstrengend.

Totale vs. relevante Transparenz

Transparenz ist die Verfügbarkeit von *relevanten* Informationen in *zugänglicher* Form. Rufe nach totaler Transparenz sind daher Unsinn, finden wir. Totale Transparenz, also der Versuch, *alle* Informationen zu veröffentlichen, führt paradoxerweise zu weniger Transparenz. Warum? Weil wir in der Informationsflut das Wesentliche nicht wiederfinden. Was nutzt es, wenn stundenlange Aufzeichnungen von Videokonferenzen verfügbar sind, aber niemand die Zeit hat, sie zu sichten? Was bringen seitenweise Protokolle, wenn niemand sie liest? Die juristische Praxis, die gegnerische Seite in Akten zu begraben (»*to bury someone in paperwork*«), um Informationen zu verstecken, zeigt, wie totale Transparenz zum Gegenteil führt. Unsinnig ist sie aber auch, weil totale Transparenz – Hannos Geschichte zum

Einstieg des Kapitels zeigt das – Informationen und Diskussionen, die nicht öffentlich werden sollen, einfach in private Räume verlagert. Wer einen vertraulichen Raum sucht, wird ihn auch weiterhin finden. Wer ein vertrauliches Gespräch führen will, wird das auch weiterhin tun. Die totale Transparenz ist in der Praxis lediglich eine auf Misstrauen basierende Scheintransparenz.

Wie Demokratie darf auch Transparenz nicht zum Selbstzweck werden. Transparenz um der Transparenz willen führt zu Bürokratie, fördert ein Klima des Misstrauens und hilft wenig bei einer wirksamen Kontrolle. Stattdessen plädieren wir für relevante Transparenz, also das Bereitstellen aller *relevanten* Informationen in *zugänglicher* Form. Relevant sind Informationen dann, wenn sie von Personen innerhalb einer Partei dazu benötigt werden, ihre jeweiligen Aufgaben zu erfüllen – damit kann das Verteilen von Flyern gemeint sein, aber vor allem die kritische (nicht misstrauische!) Kontrolle der Führungskräfte durch die Mitglieder. Zugänglich sind Informationen, wenn eine Person alle für sie relevanten Informationen erstens *schnell auffindet* und zweitens *versteht*.

Harte und weiche Transparenz

Das bedeutet nicht, dass jedes Mitglied ein Recht auf individuelle Betreuung haben sollte. Aber ein »Dann lies halt die Sitzungsprotokolle (einsehbar Montag und Mittwoch, 10:00 bis 14:00 Uhr, in Raum 3.482 der Bundesgeschäftsstelle)« ist einfach nicht gut genug für eine Partei mit transformativem Anspruch. Parteien stehen unserer Meinung nach in der Bringschuld, relevante Informationen zugänglich zu machen – selbstverständlich digital. Dabei unterscheiden wir zwei Arten von Transparenz: harte und weiche.

Harte Transparenz ist uns vertraut. Sie basiert auf Regeln, Paragrafen oder Gesetzen, die die Veröffentlichung bestimmter Informationen garantieren. Das könnten finanzielle Informationen wie das Budget oder der Kontostand sein, aber auch das Abstimmungsverhalten bestimmter Personen oder ein Organigramm. Informationen also, die nicht auslegbar sind, sondern sehr konkret. Auch Kennzahlen wie Mitgliederanzahl, Geschlechterverhältnis, Nutzungsstatistiken und so weiter zählen dazu.

Bei weicher Transparenz dagegen geht es um Informationen, die weniger eindeutig sind. Dazu zählen zum Beispiel strategische Überlegungen, Begründungen für Entscheidungen und auch Reflexion und Zweifel der Parteiführung, die zum Beispiel über Blogs oder Podcasts geteilt werden. Diese Informationen sind von Subjektivität geprägt – die Gründe für eine bestimmte Entscheidung beispielsweise lassen sich kaum objektiv wiedergeben. Trotzdem halten wir weiche Transparenz für extrem wichtig, wichtiger sogar noch als das Veröffentlichen von reinen Zahlen und Fakten. Gute Kommunikation und ein Darlegen der eigenen Gedanken schafft Vertrauen und hält die Verantwortlichen zu regelmäßiger Reflexion an. Kulturelle Werte, die Offenheit und Verletzlichkeit zulassen, sind dabei hilfreich.

Transparenz bei Verhandlungen

Grundsätzlich profitieren transformative Parteien also von weitgehender Transparenz. Relevante Transparenz erhöht Vertrauen, verbessert die demokratische Kontrolle und macht den Aktiven das Leben leichter. Allerdings sehen wir eine wichtige Ausnahme: Verhandlungen.

Verhandlungen sind integraler Teil unserer Demokratie, egal, ob es um das Schmieden von Bündnissen, Koalitionsgespräche oder sogar Verhandlungen in Regierungsverantwortung geht. Diejenigen, die am Verhandlungstisch sitzen, haben eine anspruchsvolle Aufgabe. Sie müssen die Interessen ihrer Partei so gut wie möglich durchsetzen. Das geht in der Regel nur dann, wenn es gleichzeitig gelingt, eine menschliche, vertrauensvolle Beziehung zu denjenigen aufzubauen, mit denen man verhandelt. Denn das Suchen nach gemeinsam getragenen Lösungen ist vor allem eine Aufgabe auf Beziehungsebene. Es braucht die gemeinsame Bereitschaft, schwierige Situationen durchzustehen und Konflikte so zu lösen, dass auch nach Ende der Verhandlungen noch Zusammenarbeit möglich ist.

Diejenigen, die am Verhandlungstisch sitzen, müssen nach außen hin dichthalten. Auch und gerade dann, wenn es um das Aushandeln heikler Kompromisse geht, die einer Seite – oder beiden Seiten – schwerfallen. Gerade Verhandlungen, bei denen es um viele Themen auf einmal geht, dauern oft lange und sind davon geprägt, dass die Waage mal in die eine, mal in die andere Richtung kippt. Dass bereits Beschlossenes noch mal aufgeschnürt wird, um neue Verhandlungsmasse für ein weiteres Thema zu haben, das gerade auf dem Tisch liegt. Dass es Drohungen und Bedenkpausen gibt, ebenso wie interne Beratungsrunden mit der eigenen Seite, um zu sondieren, wie weit man die eigenen roten Linien wirklich halten muss oder ob es nicht doch mehr Spielraum gibt als gedacht.

Aus all diesen Gründen leben Verhandlungen von besonderer Vertraulichkeit. Wer die sachlichen und zwischenmenschlichen Hochs und Tiefs solcher Prozesse am Schluss zu einem guten Ergebnis bringen will, braucht hierfür einen geschützten Raum. Das steht natürlich in einem harten Spannungsfeld mit dem Anspruch auf Transparenz. Gerade wenn es um Situationen wie Koalitionsverhandlungen geht, haben Parteimitglieder ein berechtigtes Interesse, zu wissen, wie die Lage aussieht, welche Themen man durchbekommt und welche Positionen man räumen muss.

Aber: Zumindest während der aktiven Verhandlungsphase muss dieses Interesse zurückstehen. Niemand will politische Verhandlungen mit jemandem führen, die jeden Abend einen quasi-öffentlichen Bericht über den Verhandlungsverlauf an ihre Partei erstattet. Die erzählt, was im geschlossenen Raum gesprochen worden ist und wer sich wie positioniert hat. Die Gefahr, schlecht auszusehen und somit im Ansehen der eigenen Leute geschwächt zu sein, ist zu groß. Dazu ist absehbar, dass heikle Themen noch während der Verhandlung zu einem parteiinternen oder gar öffentlichen Aufschrei führen. In dem Fall müssten Verhandlungsführer:innen die Themen, die nicht gut laufen, innerhalb der eigenen Partei verteidigen und verargumentieren. Das frisst Zeit und Energie, die eigentlich dafür da sein sollte, den Verhandlungsverlauf im eigenen Sinn zu drehen – und durchzusetzen, so viel eben geht.

Verhandlungen sind deshalb ein gutes Beispiel dafür, dass es im politischen Leben auch Bereiche gibt, in denen die Transparenzregeln zumindest zeitweise ausgesetzt sind. An diesen Stellen ist besonders wichtig, dass die Verhandlungsführer:innen ein klares Mandat ihrer Partei haben und somit auch einen ausgesprochenen Vertrauensvorschuss: »Wir vertrauen dir, dass du die Verhandlungen im Sinne unserer Partei führen wirst – im Wissen, dass du vielleicht mit einigen schmerzhaften Kompromissen zurückkommst.« Dieser Vertrauensvorschuss ist natürlich nicht bedingungslos. Es sollte selbstverständlich sein, dass die Verhandlungsführer:innen nach Ende der Verhandlungen nachvollziehbar und sauber erklären, wie das Ergebnis zustande gekommen ist. Dass sie ihre Gründe dafür erläutern, wieso sie die schmerzhaften Kompromisse am Schluss eben eingegangen sind (oder nicht). Nicht aus Freundlichkeit, sondern weil hier Klarheit wichtig ist. Schließlich stimmen die Parteimitglieder am Schluss ab, ob sie der vorgeschlagenen Vereinbarung zustimmen.

Agile politische Arbeit: Die Verbindung zur Gesellschaft

Wie fast jede Organisation haben auch klassische Parteien die Tendenz, vor allem den eigenen Bauchnabel zu betrachten. Fast die gesamte Energie der Engagierten fließt in Selbstgespräche innerhalb der Organisation: Gespräche mit anderen Mitgliedern, die sich um die eigene programmatische Ausrichtung drehen, oder aber – fast noch häufiger – darüber, wer innerhalb der Partei was gerade wo falsch oder richtig gemacht hat.

Dabei ist die Idee eine ganz andere. Das Grundgesetz sagt, dass Parteien an der »politischen Willensbildung des Volkes« mitwirken sollen. Sie sind also das Bindeglied zwischen Staat und Gesellschaft. Beziehungsweise sollten es sein. Denn heute haben es sich die meisten Mitglieder in ihrer Partei ziemlich gemütlich gemacht. Egal ob Stammtisch, Grillfest, Parteitag oder Debattencamp: Die Partei bleibt gerne unter sich. Eine breite Verankerung in der Gesellschaft, wie es vielleicht einmal der Fall war, gibt es heute nicht mehr.

»Aber bei uns sind doch alle willkommen!«, würde jetzt ein Mitglied der klassischen Parteien entgegnen. Und das stimmt ja in der Regel auch. Nur: Mit offenen Türen ist es nicht getan. Denn auch hinter einer geöffneten Tür kann man es sich in einer Parallelwelt bequem machen. Einer Parallelwelt, in der es keinen oder wenig Austausch mit anderen Lebenswelten und Denkweisen gibt. Auch eine angeblich offene Partei kann den Bezug zur Gesellschaft verlieren und zur Blase werden. Eine Blase, in der es nur noch wenige akzeptierte Weltsichten und Perspektiven gibt; eine Blase, in der die

Komplexität und Vielfalt unserer Welt eingeschrumpft wird, bis die immer gleichen politischen Analysen und Lösungen passen.

Die Vielfalt der Realität wird so zu einer linearen, geschlossenen Erzählung. Diese Erzählung ist so vorhersehbar, dass ein frischer Blick, eine differenzierte Diskussion und das Ringen um Antworten auf die Themen unserer Zeit gar nicht mehr nötig erscheinen. Und so begegnen die immer gleichen Forderungen den immer gleichen Gegenargumenten. Erbschaftssteuer? Eine Neiddebatte. Die Wirtschaft fördern? Ist nicht sozial gerecht genug. Mehr Schulden? Schlechte Idee, wegen der Inflation. All diese Forderungen und ihre jeweiligen Gegenargumente drehen sich im Kreis. Wo diese vereinfachten Erzählungen dann aufeinandertreffen – im Parlament, in Talkshows –, entsteht der Eindruck eines von der Realität entkoppelten politischen Theaters, das immer das gleiche Stück aufführt. Mit einem Zuschauerraum, der immer öfter leer bleibt, weil die Bürger:innen des Theaters überdrüssig sind.

Um die Gesellschaft grundlegend zu verändern, müssen transformative Parteien aus diesem sinnlosen Spiel aussteigen. Müssen weg vom Modus, die immer gleichen Sichtweisen und Antworten hochzuhalten – und hin zu einer Haltung, die offen ist für neue Perspektiven. Grundlegende Voraussetzung dafür ist, dass sie sich systematischer und tiefer mit Perspektiven auseinandersetzen, die sie bislang nicht oder zu wenig wahrnehmen. Nur so können neue Sichtweisen und neue Ideen für transformative Politik entstehen.

Das bedeutet nicht, dass transformative Parteien ihre eigene Perspektive verleugnen sollen. Ihr Purpose und die ideologische Verortung sind wichtige Vorfilter und helfen ihnen, das in der komplexen Welt Gesehene und Gehörte einzuordnen und zu bewerten. Doch wer nur mit sich selbst spricht und nie die eigene Blase verlässt, der bekommt kein vollständiges Bild der Welt. Und das ist, finden wir, eine schlechte Basis für Politik.

Die Perspektiven dieser komplexen Welt wahrnehmen und nachvollziehen – das ist leichter gesagt als getan. Wer hat schon die Zeit (und den Mut), sich im Alleingang fremden, vielleicht sehr unbequemen Perspektiven auszusetzen? Ein Thema mit unverstelltem Blick zu recherchieren, mit fremden Menschen zu sprechen, einordnende Literatur zu lesen? Abgeordnete können das, weil sie Mitarbeiter:innen haben, die für sie die Vorbereitung übernehmen – und viele nutzen diese Möglichkeit auch. Armin Laschet von der CDU zum Beispiel, der im August 2020 das Flüchtlingslager Moria auf der griechischen Insel Lesbos besuchte und danach erschüttert berichtete, er habe den »Aufschrei der Verzweifelten« gehört.

Der Punkt ist aber, dass die meisten Parteimitglieder heute gar keinen Antrieb haben, solche Perspektivwechsel zu wagen. Was sie suchen, ist der Austausch mit Gleichgesinnten. Und das ist auch okay – aber so eine kuschelige politische Homebase ist eben keinesfalls genug. Wir halten die Auseinandersetzung mit fremden Perspektiven und Lebenswelten für eine unbedingte Voraussetzung, damit eine andere, substanziell bessere Politik gelingen kann. Nicht nur die wichtigsten Führungskräfte einer Partei sollten einen differenzierten Blick auf die Welt aufbauen, sondern auch »einfache« Mitglieder.

Wir erwarten natürlich nicht (und hielten es auch nicht für eine gute Idee), dass Hunderte Parteimitglieder nach Lesbos reisen. Doch auch in der eigenen Stadt, der Nachbarstadt oder der Region spiegelt sich die Vielfalt der Welt wider. In Altenheimen, mittelständischen Unternehmen, Behörden, Start-ups, Flüchtlingsunterkünften, Bars, Museen, Werkstätten und an vielen anderen Orten können wir auf Menschen treffen, die aus einer ganz anderen Perspektive auf dieselben Themen blicken. Und die Herausforderungen sehen, die wir vielleicht gar nicht als solche erkennen.

Aber wie kann das gelingen? Zum einen, indem Purpose-Parteien bewusst den andauernden Perspektivwechsel pflegen und als das neue Normal definieren. Zum anderen, indem sie ihre Mitglieder mit diesem Anspruch nicht alleine lassen, sondern Formate etablieren, die es leichter machen, neue Perspektiven kennenzulernen. Formate, die Neugier, Lern- und Entwicklungsbereitschaft systematisch stärken.

Von außen nach innen denken

Beginnen wir mit der Haltung. In der Unternehmenswelt gibt es einen Begriff, der in den letzten Jahren viel Aufmerksamkeit bekommen hat: Agilität. Der Begriff kommt eigentlich aus der Softwareentwicklung. Dort meint »agil«, dass die Programmierer:innen ständig und immer wieder neu versuchen zu verstehen, was ihre Kund:innen wollen und brauchen und in welcher Lebenswelt das gewünschte Produkt am Schluss genutzt werden soll. Statt also stur und geradeaus etwas zu entwickeln, mit dem der Kunde am Ende nichts anfangen kann, werden Entwicklungsprojekte in kleine Stücke, sogenannte Sprints, unterteilt. Jeder dieser Sprints enthält konkretes Feedback der Kund:innen. Die Programmier:innen entwickeln vorzeigbare Zwischenergebnisse, holen sich Feedback, machen weiter, holen sich wieder Feedback und so weiter. Am Ende steht ein Produkt, das vielleicht ganz anders aussieht als zu Beginn der Entwicklung gedacht – aber mit dem die Kundin etwas anfangen kann.

Mittlerweile haben sich agile Arbeitsmethoden auch in vielen anderen Branchen etabliert. Die Haltung dahinter ist immer die gleiche, nämlich von außen nach innen zu denken. Ausgangspunkt des Handelns ist die Kund:innenperspektive: ihre Lebensrealität, ihre Bedarfe und Wünsche. Agiles Arbeiten beschreibt also das Gegenteil der eingangs kritisierten permanenten Selbstbeschäftigung, in der klassische Parteien meist gefangen sind. Und somit genau das, was

Purpose-Parteien brauchen. Um neue Ideen zu entwickeln, pflegen sie eine andere Perspektive auf sich selbst. Sie verändern die Richtung, in der sie über sich selbst denken. Purpose-Parteien halten dazu an, nicht permanent nach oben (»Was will die Führung?«) oder nach innen (»Was beschäftigt uns gerade?«) zu blicken, sondern nach außen: »Was braucht die Gesellschaft?« Diese Perspektive startet beim eigenen Purpose und dem gesellschaftlichen Bedarf. Und geht erst dann in die politische Arbeit.

Ein Beispiel: Nehmen wir an, eine Partei hat sich dem Purpose verpflichtet, die Gesellschaft mit dem Ökosystem zu versöhnen. Denkt sie wie klassische Parteien von innen nach außen, entwickelt sie intern eine Reihe von Forderungen, etwa ein Verbot von Verbrennungsmotoren und den Ausbau von Fahrradwegen, und geht damit auf die Bürger:innen zu. Die Partei bewegt sich beim Entwerfen ihrer Lösungsidee in ihrer Blase Gleichdenkender – was es sehr wahrscheinlich macht, dass sie viele andere, unter Umständen bessere Lösungsideen gar nicht wahrnimmt. Oder sie findet die richtigen Ideen, schafft es aber nicht, diese zugänglich zu kommunizieren. Das Ergebnis sind dem Dogma entsprechende politische Ideen und Plattitüden, die bei den Wähler:innen schnell auf Irritation oder Ablehnung stoßen: »Was hat diese Idee mit meiner Lebensrealität zu tun?!«

Etwas anderes passiert, wenn eine Partei von außen nach innen denkt. Sie startet immer noch bei ihrem Purpose, der ihr als Vorfilter dient, geht dann aber erst mal mit Menschen jenseits der Parteigrenzen ins Gespräch. Sie fragt beispielsweise: »Wie sieht dein Alltag aus? Was sind deine Sorgen und Ängste? Was sind deine Wünsche?« Sie hört also zu und versucht zu verstehen. Vielleicht erkennt sie dann, dass viele Ideen, die in der theoretischen politischen Diskussion mit Parteifreund:innen gut klingen, nichts oder wenig mit der Alltagswirklichkeit der Bürger:innen zu tun haben und deshalb nicht die notwendige breite Unterstützung gewinnen.

Oder dass Menschen wichtige Alltagsfragen mit sich herumtragen, die beantwortet werden müssen, bevor sie beispielsweise bei der ökologischen Transformation mitziehen. Was ist die Alternative zum eigenen Auto, wenn es absehbar keine funktionierenden Öffis gibt? Wie gelingt der grüne Umbau des eigenen Hauses, wenn schon die laufende Kredittilgung eigentlich zu viel Belastung pro Monat ist? Und so weiter.

Das Wissen, das transformative Parteien in solchen Gesprächen gewinnen, ist Gold wert für ihre politische Arbeit. Sie können auf Basis der Erkenntnisse politische Vorschläge und Forderungen entwickeln, die tief in der Gesellschaft verankert sind und an Alltagswirklichkeiten auch jenseits der eigenen Mitglieder und Sympathisant:innen ankoppeln. Was ist daran agil? Schließlich reden auch klassische Parteien mit Wähler:innen und Expert:innen, wenn sie ihr Programm und politische Forderungen entwickeln. Aus unserer Sicht ist der wichtige Unterschied, dass transformative Parteien es nicht bei einem Fachgespräch oder einer Anhörung belassen. Sie tauchen tief ein in die Lebenswelten unterschiedlichster Bürger:innen – und holen sich laufend Feedback von denjenigen, deren Alltag sich durch die politische Idee ändert. Das hilft, jede neue Idee schnell und unmittelbar auf Alltagstauglichkeit hin zu überprüfen. Und es verhindert, dass die (notwendige) parteiinterne Programmdiskussion in einer Betrachtung mit zu engen politischen Scheuklappen endet.

Wichtig dabei: Das ist keine Politik nach Umfragen. Ausgangspunkt einer agilen Programmentwicklung ist immer der eigene Purpose. Die eigene ideologische Verortung bleibt handlungsleitend. Aber Purpose-Parteien wissen um die Begrenztheit der eigenen Perspektive. Und sie sind überzeugt, dass sie bessere Entscheidungen treffen können, je mehr Perspektiven, je mehr Lebensrealitäten, je mehr Ängste, Sorgen, Nöte, Bedürfnisse, Hoffnungen und Ambitionen sie kennen. Darüber hinaus holen Umfragen lediglich die Reaktion auf einen bestehenden Vorschlag ein. Agile Programmarbeit macht es anders: Sie fragt nicht Meinungen zu einem bestehenden Vorschlag ab, sondern sie entwickelt diesen Vorschlag von Beginn an im Dialog, also im gemeinsamen Gespräch mit denen, die sonst von Meinungsforschungsinstituten befragt werden. Eine Umfrage kann am Schluss eine weitere Möglichkeit für Feedback auf eine Idee sein. Aber sie ist eben nur ein kleiner Teil des Werkzeugkastens einer transformativen Partei.

Agile Programmarbeit bedeutet auch nicht, dass die transformative Partei es allen recht macht. Dass politische Ideen so lange weichgeschliffen werden, bis alle sagen: Damit kann ich gut leben. Ziel- und Interessenskonflikte wird es weiterhin geben. Echte Veränderung bedeutet fast nie Win-win, sondern eben oft auch Win-lose. Aber auch hier lässt sich nur verstehen, ob die Empörung derjenigen, die etwas verlieren, berechtigt oder übertrieben ist, wenn man deren Perspektive in Tiefe kennt und versteht. Anders gesagt: Je tief greifender politische Reformideen sind, desto bewusster muss sich die transformative Partei sein, wem sie dafür was zumutet. Und das kann sie am besten verstehen, wenn sie grundsätzlich agil arbeitet und Politik von außen nach innen denkt und macht.

Agile politische Formate 1: Verstehen

Das Denken der Partei von außen nach innen ist kein Selbstläufer. Es ist nur menschlich, sich mit Gleichgesinnten zu umgeben, statt sich ständig neuen Perspektiven auszusetzen. Damit agile politische Arbeit trotzdem gelingt, brauchen transformative Parteien Formate, die Neugier und Lern- und Entwicklungsbereitschaft systematisch fördern und stärken. Solche Formate sollten drei Prinzipien folgen: Erstens: Menschen mit neuen Perspektiven und Realitäten konfrontieren; zweitens: Parteiaktive dazu einladen, Fragen zu stellen und zuzuhören, statt Monologe zu halten; und drittens: den Ort wechseln.

1. Konfrontation mit neuen Perspektiven und Realitäten

Jeder Mensch hat eine eigene, wertvolle Geschichte. Das heißt aber nicht, dass die Purpose-Partei den Anspruch haben sollte, jedem Menschen zuzuhören. Das ist unmöglich und hilft nicht weiter. Vielmehr sollte sie überlegen, wo Perspektiven schlummern, durch die ihre Mitglieder besonders viel lernen und sich entwickeln können. Welche Menschen haben besonders großen Widerstand gegen unsere politischen Ideen? Von wem können wir etwas lernen? Welchen Menschen hören wir bislang nicht zu? Wer sind die Verlierer:innen unserer Politik? Wer profitiert, wenn unsere Politik umgesetzt wird? An welchen Orten sind wir nie? Zu welchen Teilen der Gesellschaft haben wir überhaupt keinen Zugang? Transformative Politik kann ohne die Perspektive dieser Menschen nicht gelingen. Also muss es Aufgabe sein, mit ihnen zu sprechen und ein tiefes Verständnis für ihre Alltagsrealität zu entwickeln. Nicht um sie zu überzeugen, wie toll die eigene Partei ist. Sondern um Politik zu machen, die um den Lohn und auch um den Preis der Veränderung weiß, die sie bewirkt.

2. Fragen und zuhören statt Monologe halten

Zuhören ist, denken wir, das unterschätzteste politische Werkzeug überhaupt. In einer Welt, die immer nur sendet und permanent um Aufmerksamkeit buhlt, bricht Zuhören radikal mit den Erwartungen. Und zwar im positiven Sinne. Die meisten Menschen sind unglaublich dankbar, wenn man ihnen zuhört.

Zuhören bedeutet, einen Raum zu schaffen, in dem nicht um Aufmerksamkeit gekämpft werden muss, sondern in dem sie *geschenkt* wird. Es bedeutet, offene Fragen zu stellen und zu versuchen, das Gegenüber zu verstehen – also dem Impuls zu widerstehen, in eine Diskussion einzusteigen, in der sich die Argumente gegeneinander messen. Zuhören ist nicht die Zeit zum Diskutieren. Zuhören ist die Zeit zum Zuhören. Dazu gehört, die Stille auszuhalten, die einer Antwort folgt. Das, was nach der Stille gesagt wird, ist das wirklich Interessante. Es bedeutet zu guter Letzt aber auch, dem Gegenüber Grenzen zu setzen, wenn die Antworten ausufern, pauschalisierend sind oder beleidigend werden. Niemand hat die Pflicht, Idioten und Arschlöchern zuzuhören.

Auch Zuhören kann man lernen. Purpose-Parteien sollten ihre Unterstützer:innen deshalb auf allen Ebenen darin schulen. Doch auch eine gute Moderation kann einen Rahmen schaffen, in dem aufmerksam zugehört wird, statt sich in Monologen zu messen. Je besser eine Partei in der Lage ist, Fragen zu stellen und zuzuhören, desto agiler wird sie in ihrer politischen Arbeit.

3. Den Ort wechseln

Was wir wahrnehmen und wie aufnahmebereit wir sind, hängt stark von dem Ort ab, an dem wir uns befinden. In der Eckkneipe mit gedämpftem Licht sind wir müde und folgen nur mit einem Ohr; an einem anderen Ort sind unsere Sinne dagegen hellwach. Purpose-Parteien brechen deshalb mit der Stammtisch-Tradition – Politik am immer gleichen Ort, zur immer gleichen Zeit, mit den immer gleichen Menschen. Stattdessen verlegen sie Formate, die ihre Mitglieder mit neuen Perspektiven konfrontieren, wenn möglich an den Ort des Geschehens. In Wälder, wenn es darum geht, einem Förster zuzuhören. In ein Altenheim, wenn der Pflegenotstand das Thema ist. In ein Wohnzimmer, wenn es um Altersarmut geht. In die Räume einer Seenotrettungs-NGO, um eine neue Perspektive auf das Thema Flucht und Migration kennenzulernen. Und so weiter.

Klar, das erfordert mehr Organisationsaufwand. Aber es macht einen riesigen Unterschied. Im jeweiligen Kontext sind wir um ein Vielfaches aufnahmebereiter als in der Kneipe nebenan. Zum Glück sind die meisten Menschen, Unternehmen und Organisationen bereit, ihre Türen zu öffnen, wenn sie merken, dass es echtes Interesse gibt. Mehr noch, sie sind dankbar, wenn sich jemand für ihre Perspektive interessiert.

Und wer dann immer noch in die Kneipe will, kann das ja machen. Es gibt wahrscheinlich einiges zu reflektieren.

Agile politische Formate 2: Positionsfindung

Zuhören ist aber nur der erste Schritt agiler politischer Arbeit. Es folgt das Auswerten und Verstehen, das Abgleichen mit theoretischem und empirischem Wissen, weiteres Zuhören, das Diskutieren mit Expert:innen, das Abwägen und Zweifeln. Damit dieser Schritt gelingt, sind zwei Rollen unverzichtbar, über die wir bereits gesprochen haben: Prozessbegleiter:innen und Expert:innen.

Prozessbegleiter:innen sorgen dafür, dass die wichtigsten Erkenntnisse aus den geführten Gesprächen nicht verloren gehen, sondern gesammelt werden. Sie bilden und moderieren Arbeitsgruppen, die die gesammelten Informationen auswerten. Sie laden Expert:innen und Fachpolitiker:innen zur Mitarbeit ein. Und sie sorgen dafür, dass am Ende ein abstimmungsfertiger Beschluss steht – inklusive einer transparenten Erläuterung, wie und warum man zu dieser Einschätzung kam.

Die eingeladenen Expert:innen, also Wissenschaftler:innen und andere Menschen mit Fachexpertise, spielen in der agilen politischen Arbeit eine zentrale Rolle. Sie geben nicht einfach ein Statement ab und verschwinden dann wieder, sondern arbeiten aktiv mit und formulieren konkrete Vorschläge: Welche Reformen würden gegen die globale Ungleichheit helfen? Was braucht es, damit Hamburg in den nächsten zehn Jahren klimaneutral wird? Dann ist es wieder Aufgabe der Partei, diese Vorschläge mit denen zu besprechen, deren Lebensrealität sich durch sie ändern würde. Im stetigen Austausch mit Expert:innen und beteiligten Akteur:innen entstehen so neue Positionen, aber auch eine neue, verständliche Sprache.

Ein gutes und gleichzeitig schlechtes Beispiel ist das Positionspapier *Green New Deal for Europe* der europäischen Bewegung DiEM25. Gut, weil DiEM25 für die Arbeit an dem Papier zunächst nach außen geblickt und den engen Austausch mit zahlreichen Klimawissenschaftler:innen und anderen Expert:innen gesucht hat. Schlecht, weil es für einen ähnlich engen Austausch mit den Bürger:innen Europas leider nicht mehr gereicht hat. Dementsprechend verkopft und verwissenschaftlicht ist das Papier. Obwohl viele Menschen von den vorgeschlagenen Maßnahmen profitieren würden – ganz zu schweigen von unserem Planeten –, gewinnen sie nur wenig politisches Momentum. Ein agileres Vorgehen, also ein ständiges Abgleichen der Ideen mit den Lebenswirklichkeiten der Bürger:innen, hätte vielleicht ein Ergebnis produziert, das genauso fundiert ist, aber mehr Unterstützung gewonnen hätte. Agile Positionsfindung bedeutet also, seine eigene kuschelige Blase zu verlassen und sich dem Feedback der betroffenen Akteur:innen und Wähler:innen zu stellen. Um daraus zu lernen und besser zu werden.

Agile politische Formate 3: Diskussion und Entscheidung

Die bisher genannten agilen Formate tun eins natürlich nicht: Sie ersetzen nicht die innerparteiliche Diskussion und Entscheidung. Input, Feedbackschleifen, Gespräche mit Expert:innen und Betroffenen, all das ist wertvoll. Aber am Ende steht die politische Abwägung und Entscheidung, und die muss in den Händen der Mitglieder liegen.

Leider sind die meisten klassischen Formate für Diskussion, Abwägung und Entscheidungsfindung in unseren Augen mangelhaft. Das beste Beispiel dafür sind Parteitage. Wer auf einem ist, kann sich ihrer Faszination nur schwer entziehen. Wenn Delegierte aus der ganzen Republik zusammenkommen, wenn es um eine wichtige Entscheidung geht oder um eine richtungsweisende Wahl, dann spürt man, wie die Luft im Raum vibriert. Alles ziemlich faszinierend. Leider aber in seiner jetzigen Form auch absolut dysfunktional.

Warum? Weil die DNA von Parteitagen geprägt ist vom Gegeneinander. Rede, Gegenrede. Antrag, Gegenantrag. Parteitage sind das Veranstaltungsformat des Patriarchats. Es geht ums Kämpfen, um Gewinnen und Verlieren, um Status und Anerkennung. Wer am lautesten von der Bühne donnert, wird am meisten bejubelt. Auf Parteitagen fehlt es an Räumen, um zuzuhören und einander zu verstehen. Es gibt weder Platz für leise Töne und Zweifel noch die Möglichkeit, zu lernen, sich zu entwickeln oder schlicht gemeinsam an einer neuen Lösung zu arbeiten.

Was also tun? Wir glauben, dass sich viele klassische Parteiformate neu denken lassen, und zwar ebenfalls auf Grundlage des agilen Gedankens. Statt Jahr für Jahr dieselben dysfunktionalen Parteitagsstrukturen zu recyceln, lassen sich Bedarfe der Mitglieder abfragen, neue Formate prototypisieren und diese evaluieren. Stück für Stück können so ganz andere Parteitage entstehen, die mit dem ritualisierten Redenschwingen in tristen Konferenzsälen nicht mehr viel zu tun haben.

Auch alle anderen Formate und Prozesse der transformativen Partei lassen sich agil, also von außen nach innen, neu denken. Statt sich irgendwas auszudenken (zum Beispiel ein Onlineforum, das am Ende niemand benutzt), fragt die transformative Partei ihre Unterstützer:innen zunächst nach ihren Bedürfnissen, Sorgen, Ängsten und Hoffnungen in Bezug auf die Partei. Sie könnte zum

Beispiel fragen: »Was hindert dich jetzt gerade daran, wirksam zu sein? Wonach sehnst du dich?« Oder: »Hattest du schon mal das Gefühl, dass dein Input nicht wahrgenommen wird?« Aus den Antworten und in weiteren Feedbackrunden können dann neue Prozesse und Formate entstehen, die den Bedürfnissen der Partei und ihrer Unterstützer:innen wirklich entsprechen. Wenn etwas gut läuft und Sinn ergibt, wird es wiederholt. Was nicht gut läuft, wird verbessert oder wieder abgeschafft.

Agile Format- und Prozessentwicklung ist also ein permanentes Ausprobieren, Feedbackholen und Verbessern. Das heißt auch, dass Formate keinen Bestandsschutz haben. Neue Ideen und Formate verdienen einen Vertrauensvorschuss – die Devise heißt ausprobieren, statt ewig Pro und Contra zu diskutieren. Wenn das klappt, kann Agilität auch in politischen Parteien gelingen.

Vielfalt: Komplexität statt Autopilot

Über kaum ein Thema wird gerade heftiger und polarisierter ge-
stritten als über Vielfalt. Beziehungsweise den Mangel an Vielfalt
in vielen Institutionen und Organisationen. Das gilt auch für die
Politik. Unsere Gesellschaft mag vielfältig sein: Die Institutionen
und Führungsriegen in der politischen Welt sind es nach wie vor
meist nicht.

Für uns als Gesellschaft hat das einen hohen Preis. Ganze Be-
völkerungsgruppen fühlen sich weder ausreichend repräsentiert
noch sehen sie ihre Interessen vertreten. Doch nicht nur eine Seite
nimmt Schaden. Den politischen Institutionen fehlen die Erfahrungen und Perspektiven derjenigen, die dort nicht vertreten sind. Deshalb gelingt es ihnen an vielen Stellen nicht, bestehende Probleme
zu erkennen und mithilfe derjenigen zu lösen, die unter ihnen leiden.
Das verstärkt die Kluft zwischen »der Politik« und ganzen Bevölke-
rungsteilen, die sich abwenden in dem Gefühl, ungewollt, unverstan-
den, unwichtiger zu sein als andere. Es folgen Wut, Resignation und
Sprachlosigkeit, die nicht sein müssten – Ergebnis einer politischen
Kultur, in der ein Mangel an Vielfalt schon viel zu lange selbstverständlich ist.

Vielfalt: Warum eigentlich?

Aus unserer Sicht muss die transformative Partei sehr bewusst die Weichen für Vielfalt stellen. Sie setzt sich schließlich die Aufgabe, neue Perspektiven und Antworten auf die existenziellen Herausforderungen unserer Zeit zu finden. Das geht nur mithilfe unterschiedlicher Perspektiven. Weil man mit Hilfe unterschiedlicher Blickwinkel und unterschiedlicher Denkweisen schlicht mit höherer Wahrscheinlichkeit auf neue Ideen kommt als eine Gruppe, die sehr ähnlich denkt und tickt. Und neue Ideen – die braucht die Purpose-Partei wie die Luft zum Atmen.

Dazu kommt: Es gibt einen moralischen Imperativ für die transformative Partei, mehr Vielfalt zu erreichen, als wir es bislang gewohnt sind. Einfach weil der Zustand, wie er heute ist, ungerecht ist. Umso wichtiger, dass die Purpose-Partei ihren Teil tut, um die Lage zu verbessern. Auch weil wir davon ausgehen, dass es im Großen einen Unterschied macht, wenn die transformative Partei im Kleinen das schafft, woran andere bislang scheitern. Schließlich sind Organisationen wie Parteien schlussendlich so etwas wie Brutkästen, in denen wir in kleinem Maßstab das ausprobieren und üben können, was später auf gesellschaftlicher Ebene gelingen soll.

Wir hatten in der Einleitung darüber geschrieben, dass Parteien auf den gewachsenen Komplexitätsgrad unserer gesellschaftlichen Herausforderungen reagieren müssen, indem sie ihren internen Grad an Komplexität erhöhen. Vielfalt ist einer der Wege, genau das zu versuchen und so zu einer Gesprächs- und Arbeitskultur zu kommen, die nicht im Autopiloten homogener Denk- und Arbeitsweisen fährt. Sondern menschliche Unterschiedlichkeit bewusst nutzt, um am Ende besser politisch wirksam sein zu können als klassische Parteien.

Vielfalt ist also ein echter Faktor für Erfolg und Wirksamkeit der transformativen Partei. Das macht sie aber weder zum Allheilmittel noch zum Selbstläufer. Unsere Erfahrung ist, dass es keine einfach umsetzbaren Rezepte für gelingende Vielfalt gibt. Wir wollen deshalb auch nicht so tun, als gäbe es den einen richtigen Umgang mit dem Thema. Uns geht es vielmehr darum, Vielfalt hier so zu besprechen, wie wir sie einschätzen: als enorm wichtig, vielschichtig und komplex. Im besten Fall können wir so ein paar nützliche Impulse geben und zentrale Weichenstellungen für die transformative Partei aufzeigen. Im Wissen, dass unser Blick auf das Thema sicherlich durch blinde Flecken und unbewusste Setzungen geprägt ist, die unsere Perspektive mal mehr, mal weniger stark beschränken.

Vielfalt ist kein Selbstläufer

Vielfalt ist eines nie: ein Selbstläufer. Unsere Gesellschaft ist geprägt durch strukturelle Ungleichheiten, die sich, wenn die transformative Partei nicht bewusst gegensteuert, unmittelbar in die Strukturen der Partei übersetzen.

Für manche Teile der Bevölkerung ist es – vereinfacht gesprochen – selbstverständlich, sich politisch zu engagieren. Sie sind seit ihrer Kindheit in den Genuss politischer Bildung gekommen, haben sich jahrelang, in Schule und Universität, mit den gesellschaftlichen Themen unserer Zeit beschäftigt. Für sie ist es ein Leichtes, ihre Gedanken und Interessen zu artikulieren und sich privat wie beruflich über politische Themen auszutauschen. Diese Menschen haben nicht nur viel kulturelles Kapital, sondern auch mehr Zeit und Geld als andere. Sie können sich Zeit für politisches Engagement erkaufen, durch das Bezahlen von Putzkräften, Babysitter:innen, Pflegekräften und so weiter. Warum tun sie das? Weil diese Menschen davon ausgehen, dass sie mit ihrem Engagement einen Unterschied machen können.

Aber natürlich geht es bei Weitem nicht allen Bürger:innen so. Andere Teile der Bevölkerung – und auch hier verallgemeinern wir – hatten eine kurze Schulzeit, in der politisch-gesellschaftliche Themen nicht viel Aufmerksamkeit bekommen haben. Als andere studierten, waren sie schon am Arbeiten. In ihrem privaten und beruflichen Umfeld sprechen sie wenig bis gar nicht über politische Themen. Politik ist eher Bedrohung als Versprechen. Nachrichten lesen, über aktuelle politische Themen Bescheid wissen: Das gab es zu Hause nicht. Und es macht auch keinen Unterschied, ob man Bescheid weiß oder nicht, weil die Dinge eben sind, wie sie sind. Der Gedanke, dass das eigene Engagement etwas bewegen könnte, ist diesen Menschen eher fremd.

Darüber hinaus gibt es eine ganze Reihe weiterer Faktoren, die Menschen von politischem Engagement abhalten: Angst vor sexistischen Sprüchen. Vor Männerseilschaften. Einer selbstgefälligen Breitbeinkultur. Rassistischen Beleidigungen. Der ständigen Konfrontation mit Vorurteilen. Unbewussten Setzungen, sogenannten Biases, die partout nicht hinterfragt werden.

All das führt zu Trennlinien: zwischen den Geschlechtern, Reich und Arm, mit und ohne Migrationshintergrund, Weiß und *People of Color*, Hetero und LGBTQI, mit und ohne Behinderung, White Collar und Blue Collar ... Trennlinien, an denen sich auch die Frage entscheidet, ob man sich politisch engagiert oder nicht. Für politische Parteien haben die Trennlinien der Ungleichheit vor allem eine Folge. Ältere, privilegierte Männer ohne Migrationshintergrund engagieren sich am ehesten politisch und sind im Verhältnis zur Gesamtbevölkerung massiv überrepräsentiert. Auch privilegierte Frauen sind, obwohl im Verhältnis zu ihren männlichen Parteifreunden deutlich in der Unterzahl, im Vergleich zur Gesamtbevölkerung überrepräsentiert. Die Perspektive dieser Gruppen auf die Welt, ihre Umgangs- und Arbeitsweisen prägen das, was in politischen Parteien als normal gilt. Eine Einheitlichkeit, die den inneren Komplexitätsgrad klassischer Parteien niedrig hält. Und die dafür sorgt, dass Menschen mit anderen Hintergründen es schwer haben, mit dem, was sie mitbringen, einen gleichberechtigten Platz zu finden.

Die transformative Partei sollte das Ziel haben, das anders hinzubekommen. Aber sie steht vor einem Dilemma. Die strukturellen gesellschaftlichen Ungleichheiten sorgen für eine Grunddynamik, die es sehr wahrscheinlich macht, dass sich ebendiese Ungleichheiten ins Innere der Partei spiegeln. Auch wenn die Partei äußerst bewusst die Weichen für Vielfalt stellt, ist es sehr wahrscheinlich, dass die Zusammensetzung der Engagierten durch die systemischen Disbalancen unserer Gesellschaft geprägt ist. Dass, kurz gesagt, überproportional viele privilegierte Männer ohne Migrationshintergrund und Rassismuserfahrungen mitmachen wollen. Und dass sich so der Teufelskreis wiederholt, in dem die klassischen Parteien längst stecken.

Die transformative Partei sollte deshalb alles daransetzen, eine vielfältige Partei zu sein. Aber wir halten es für unrealistisch, von ihr zu erwarten, dass sie im Alleingang schafft, das auszugleichen, was unsere Gesellschaft insgesamt prägt. Die Partei ist also nicht moralisch im Abseits, wenn sich mehr Männer als Frauen, mehr Privilegierte als Benachteiligte engagieren wollen. Sie ist dann im Abseits, wenn sie es unterlässt, durch kluge organisatorische und kulturelle Weichenstellungen gegen diese Disbalance anzuarbeiten. Diese Verpflichtung ergibt sich sowohl aus dem transformativen Auftrag der Purpose-Partei als auch aus einer ethisch-moralischen Überzeugung: dass unsere Gesellschaft gerechter und besser wird, wenn sich mehr und unterschiedlichere Menschen als aktuell in Politik einbringen.

Zwei Dimensionen von Vielfalt

Aber: Was heißt Vielfalt eigentlich?

Hannos Mann war vor wenigen Jahren auf der Sticks & Stones, einer IT-Berufsmesse für Mitglieder der LGBTQI-Community. Von dort brachte er auch eine Image-Broschüre des Bosch-Konzerns zum Thema Diversity mit nach Hause. In ihr war prominent ein doppelseitiges Hochglanzfoto abgedruckt. Zu sehen war die Geschäftsführung des Unternehmens: hundert Prozent männlich, hundert Prozent weiß, hundert Prozent zwischen vierzig und sechzig, alle im schwarzen Anzug. Nicht sehr vielfältig also, und im Kontext der Berufsmesse hochwirksame Anti-Werbung gegen das Unternehmen. Kein Wunder also, dass Hannos Partner keine Lust hatte, sich bei der Firma zu bewerben.

Politisch erlebte Hanno ein Déjà-vu, als das Bundesinnenministerium nach Start der neuen Bundesregierung im März 2018 ein Foto der Hausleitung veröffentlichte. Neben CSU-Innenminister Horst Seehofer waren dort zu sehen: hundert Prozent Männer, hundert Prozent zwischen vierzig und fünfundsechzig, dem Bild nach zu hundert Prozent weiß. Die Reaktion: eine öffentliche Welle der Empörung über die einförmige Ministerialleitung.

Wäre die Reaktion auf die beiden Bilder eine andere gewesen, wenn auf den Bildern fünfzig Prozent Frauen und Menschen mit anderem kulturellen Hintergrund zu sehen gewesen wären, Ältere neben Jüngeren, manche mit Kopftuch, andere in Jeans, die Nächsten im Anzug? Ja, klar. Der erste Blick ist wichtig. Weil wir als Betrachter:innen sofort einen Eindruck bekommen, in dem wir uns selbst verorten: Können wir uns vorstellen, uns im Kreise der abgebildeten Menschen akzeptiert zu fühlen? Ist Platz für unsere Alltagsperspektive und Lebensrealität? Ist Platz für Unterschiedlichkeit?

Der Eindruck, den wir uns aufgrund der an äußerlichen Merkmalen erkennbaren Vielfalt machen, ist natürlich ein oberflächlicher. Die männlichen weißen Mitglieder der Bosch-Geschäftsführung könnten zur Hälfte schwul sein, in unterschiedlichen Ländern aufgewachsen, könnten in einem Wohnprojekt mit gehandicapten Menschen leben … Wir sehen also von außen nur bedingt, wie es um ihre innere Fähigkeit zur Vielfalt bestellt ist. Trotzdem ist der Eindruck von Homogenität berechtigt, der beim Blick auf solche Männer-Fotos entsteht. Denn sie spiegeln eine Disbalance wider, die unsere Gesellschaften insgesamt prägt: Ältere weiße Männer besetzen nach wie vor die Schlüsselpositionen, und zwar über die Branchen hinweg.

Was wäre die Alternative? Wäre das Thema Vielfalt abgehakt, wenn die Leitung des Innenministeriums zur Hälfte mit Frauen, mit *People of Color*, mit Alt und Jung besetzt wäre? Wir meinen: Das wäre ein guter Schritt. Aber es ist nicht gleichbedeutend mit gelebter Vielfalt. Äußerliche Vielfalt bedeutet noch nicht, dass ein Gremium auch eine echte Kultur der Vielfalt praktiziert. Der Blick auf die Welt, der Umgang miteinander, die Arbeitsweise – all das kann weitergehen wie bislang. Nämlich dann, wenn das, was im homogenen Gremium bislang normal war, auch weiterhin gilt; wenn sich diejenigen, die neu und anders sind als die bisherigen Mitglieder, einfach an das anpassen sollen, was bislang unumstritten gültig gewesen ist. Wenn sie die geschriebenen und ungeschriebenen Regeln nicht hinterfragen und herausfordern, sondern sich dazu entscheiden – oder gedrängt werden –, diese so schnell wie möglich ins eigene Verhalten zu übernehmen. Dann verändert die äußerliche Vielfalt viel weniger, als sie könnte.

Leider war die klassische Politik über lange Zeit von einem solch eindimensionalen Umgang mit Vielfalt geprägt. Das gilt insbesondere für die Volksparteien. Vielfalt war dort über lange Jahre kein Thema. Und als es dann wichtiger wurde, wurde Diversität auf eine Art Zählaufgabe reduziert. Das Thema war abgehakt, sobald ausreichend unterschiedlich aussehende Menschen an Bord waren. Die tieferen Strukturen blieben trotzdem unberührt. Wer neu dazukam, hatte sich den von der alteingesessenen, privilegierten Mehrheit gesetzten Spielregeln zu beugen. Ton, Haltung, Arbeitsweise waren wie festbetoniert, meist geprägt durch Konkurrenzgebaren, Egozentrismus und so weiter. Von außen gesehen gab es also ein bisschen mehr Vielfalt, worauf die Parteien verweisen konnten. Aber diese Vielfalt veränderte im Inneren wenig.

Wir bezeichnen diesen Fokus auf eine vielfältige Besetzung – in Ermangelung eines besseren Begriffs – als Vielfalt 1.0. Wo sie besteht, sind unterschiedliche Geschlechter, kulturelle Hintergründe, sexuelle Orientierungen und so weiter vertreten. Sie stellt sicher, dass in Gruppen unterschiedliche Perspektiven und Erfahrungswelten präsent sind. Diese Menschen haben andere Erfahrungen gemacht als diejenigen, die bislang den Ton angegeben haben – und blicken deshalb anders auf die Welt, haben andere Denkweisen und Haltungen. Das ist eine Ressource. Vielfalt 1.0 erhöht die Chance auf eine andere Gesprächsdynamik und das Entstehen neuer Perspektiven. Aber, und das ist wichtig, sie garantiert sie nicht. Wie oben schon beschrieben, ist äußere Vielfalt nur der erste Schritt dorthin, dass eine Gruppe von Menschen anders denkt und arbeitet als bislang üblich.

Es gibt also auch eine »innere«, tiefer liegende Dimension von Vielfalt, die wir mit dem Arbeitstitel Vielfalt 2.0 versehen haben. Sie wird dann freigelegt, wenn es gelingt, die äußere Unterschiedlichkeit von Gruppenmitgliedern (Vielfalt 1.0) in eine *gemeinsame* Fähigkeit der Gruppe zu übersetzen, die innere Unterschiedlichkeit *bewusst* und *aktiv* zu nutzen (Vielfalt 2.0). Wenn Vielfalt 2.0 ihre Wirkung entfaltet, gelingt es den Mitgliedern einer Gruppe, die Vielfältigkeit der Gruppe in einen Gesprächs- und Arbeitsmodus zu übersetzen, der sich signifikant von dem unterscheidet, wie eine homogene Gruppe arbeiten würde. Das erhöht die Wahrscheinlichkeit, dass die Gruppe unterschiedliche Argumente und Handlungsoptionen durchdenkt – und so zu einem Ergebnis kommt, das nicht im kulturellen Autopiloten entstanden, sondern Produkt bewusster Abwägungen und Entscheidungen ist.

Diese innere Dimension von Vielfalt führt zu einer Art des Miteinanders, in der alle Mitglieder einer Gruppe ihre Wahrnehmungs-, Denk- und Verhaltensmuster erkennen, reflektieren und gegebenenfalls verändern. Ein Beispiel: Wenn eine Gruppe Vielfalt 1.0 lebt, weiß ich als Mitglied, dass die Person, die neben mir sitzt, andere Erfahrungswerte und wahrscheinlich andere Gedanken hat als ich. Ich sehe die Meinung dieser Person als »anders«, bleibe aber in meinem Selbstempfinden, wer und wie ich bin. Wenn Vielfalt 2.0 gelebt wird, ist die Dynamik eine andere. Die Unterschiedlichkeit der Gruppe führt bei mir dazu, dass ich dank der anderen, die spürbar anders sind als ich, meine bisherigen Perspektiven und Haltungen reflektiere und so zu neuen Denk- und Arbeitsweisen komme. Ich verändere mich in meinem Selbstverständnis und damit auch in meinen Sicht- und Arbeitsweisen. Einfacher gesagt: Vielfalt 2.0 führt dazu, dass Menschen sich entwickeln und verändern.

Ein solcher Umgang mit Vielfalt macht etwas, und zwar mit allen am Tisch. Denn Vielfalt ist im Kern eine adaptive Herausforderung. Wer sich ihr technisch annähert, setzt sich fünfzig Prozent Frauen und fünfundzwanzig Prozent Menschen mit Migrationshintergrund an den Tisch – und macht dann genauso weiter wie bisher. Wer das Thema aber als adaptiv begreift, der versteht Vielfalt als Gelegenheit, die Autopiloten aller Anwesenden zu erkennen und, wo sinnvoll, zu verändern. Wenn das passiert, wird Vielfalt zum gigantischen Gewinn, und zwar persönlich wie aus Sicht der Partei insgesamt.

Freilich ist persönliche Veränderung nichts, was man Menschen verordnen kann. Sie passiert, oder eben nicht. Aber die Purpose-Partei kann ihre Organisation so gestalten, dass sie die Wahrscheinlichkeit für gelebte Vielfalt 2.0 erhöht. Und somit im Kleinen Leitplanken setzen für einen Verständigungs- und Veränderungsprozess, den wir als Gesellschaft insgesamt dringend brauchen.

Von Quoten und Wartelisten: Hebel für Vielfalt 1.0

Wir glauben also, dass die transformative Partei sich zum Ziel setzen muss, Vielfalt 1.0 *und* Vielfalt 2.0 zu kultivieren. Vielfalt 1.0 ist dabei die Voraussetzung dafür, dass durch Vielfalt 2.0 eine wirklich andere Qualität der Zusammenarbeit entstehen kann.

Schauen wir erst einmal auf Vielfalt 1.0. Das Gute ist, dass sie messbar ist. Eine Partei kann messen, wie hoch der Frauenanteil an den Engagierten insgesamt ist, ob sich dieser Anteil proportional in Führungsämter übersetzt, wie viele Mitglieder sich als *Person of Color* bezeichnen und so weiter. Die transformative Partei steht hier vor der Herausforderung, eine normative Entscheidung zu treffen: Wie viel Vielfalt ist »genug«? Und wie hart gestalten wir die Kriterien für Vielfalt 1.0?

Das ist leichter gesagt als getan. So ist es beispielsweise eine vergleichsweise klare Entscheidung, für alle Gremien und Ämter eine Frauenquote von fünfzig Prozent festzusetzen. Doch wie sieht es aus mit Menschen mit Rassismuserfahrung? Sollte die Partei eine Quote festschreiben, die den Anteil von Mitbürger:innen mit Migrationshintergrund spiegelt, also um die fünfundzwanzig Prozent? Reicht es, »besser« zu sein als die klassischen Parteien? Oder sollte die Quote je nach Kreis oder Gliederung festgelegt werden, im Wissen, dass fünfundzwanzig Prozent in weiten Teilen Ostdeutschlands nicht zu erreichen sind, während die fünfundzwanzig-Prozent-Quotierung in Städten wie Nürnberg, Duisburg oder Frankfurt viel geringer wäre als der Anteil von Mitbürger:innen mit Migrationshintergrund? Und um die Sache noch komplizierter zu machen: Was heißt Migrationshintergrund? Erste, zweite, dritte Generation? Wo hört Migrationshintergrund auf, wo fängt »ohne Migrationshintergrund« an? Oder sollte die Selbstzuschreibung *Person of Color* das entscheidende Kriterium sein?

Dazu gibt es weitere Fragen: Ist die Quote hart, bleiben Ämter also unbesetzt, wenn sich nicht ausreichend Vertreter:innen einer bestimmten Gruppe zur Wahl stellen? Oder ist die Quote weich, also eher Zielvorstellung, die aber nicht verbindlich ist? Ist die Quote so gestaltet, dass Engagierte sich selbst zuordnen können, ohne ihre Zugehörigkeit zu einer quotierten Gruppe »beweisen« zu müssen? Oder braucht es strengere Regeln, um Missbrauch zu vermeiden? Auf all diese Fragen gibt es keine objektiv richtigen Antworten. Die transformative Partei braucht deshalb den Mut, sich klar, bewusst und transparent zu entscheiden: Was verstehen wir unter Vielfalt? Wie viel muss sein? Wie setzen wir das durch? Wie messen wir, ob wir diesem Ziel entsprechen?

Die Positionierung zu diesen Fragen muss bewusst und früh passieren. So kann die Partei von Anfang an aktiv dafür sorgen, dass übermäßige Ungleichgewichte zugunsten einer Bevölkerungsgruppe gar nicht erst entstehen. Und diese Festlegung entschärft im besten Fall Konflikte, die das Potenzial haben, die Partei in ihrer verwundbaren frühen Lebensphase in ein endloses, potenziell hochgradig polarisiertes Selbstgespräch zu stürzen. Wenn die Partei frühzeitig und transparent entscheidet, wie sie mit Vielfalt umgehen möchte (und warum), erhöht sie die Chance, dass sie sich mit versammelter Energie auf ihren Purpose konzentrieren kann.

Wenn die transformative Partei festgelegt hat, was die parteiinternen Kriterien für Vielfalt 1.0 sind, kann sie in die entsprechende Richtung hebeln. Wir halten einen Mechanismus für besonders wirksam, um das zu erreichen: die bewusste und konsequente Steuerung, wer wann Parteimitglied werden kann. Warum das? Vor allem aus einer Erfahrung heraus: Alle neuen Parteien, die wir kennen, haben sich für ein »wildes« Wachstum entschieden. Wer mitmachen will, ist willkommen. Das ist nachvollziehbar, weil gerade in den ersten Monaten jedes Paar Hände einen wichtigen Unterschied macht. Aber so öffnet man als Partei Tür und Tor dafür, dass sich genau das wiederholt, was wir in klassischen Parteien sehen. Sprich, dass überwiegend privilegierte Männer mitmachen. Und so wiederholt sich, aus guter Absicht und konkreter Not geboren, das, was schlussendlich zu einem strukturellen Mangel an Vielfalt führt.

Geht es überhaupt anders? Wir meinen: Das muss es. Denn wenn die transformative Partei erst einmal männlich und weiß ist, dann ist es zu spät, um nachträglich die Weichen für mehr Vielfalt zu stellen. Die transformative Partei sollte in den ersten Phasen nach ihrer Gründung deshalb sehr konsequent steuern, wer wie mitmacht. So ergibt es in der frühen Wachstumsphase Sinn, potenziell Engagierte gezielt anzusprechen und einzuladen, die den Vielfaltszielen der Partei entsprechen. Für die dynamischere Wachstumsphase schlagen wir dann eine Warteliste vor. Sie ermöglicht der Partei, ihren Anteil an Vielfalt gezielt zu steuern. Alle dürfen mitmachen, aber manche müssen sich eben etwas länger gedulden. Wenn sie so vorgeht, schlägt die Purpose-Partei mehrere Fliegen mit einer Klappe. Erstens setzt sie so ein glasklares Signal, dass Vielfalt kein Schönwetterthema ist, sondern ein ernst gemeintes Ziel. Zweitens sorgt sie aktiv dafür, dass Disbalancen – im besten Fall – gar nicht erst entstehen.

Schon klar: Das klingt beim ersten Lesen ziemlich schräg. Muss eine junge Partei nicht wollen, dass so viele Menschen wie möglich mitmachen? Ja, einerseits. Kurzfristig mag der schnelle Zuwachs attraktiv scheinen. Doch wenn das bedeutet, dass dadurch wieder fast ausschließlich ältere privilegierte Männer das Bild bestimmen, dann kann das schnelle Wachstum in Perspektivenarmut enden. Umso wichtiger, dass die transformative Partei der Verlockung des wilden Wachstums widersteht und die Zusammensetzung der Engagierten stattdessen aufgrund klarer, transparenter Kriterien steuert.

Methoden und Gruppenkandidaturen: Hebel für Vielfalt 2.0

Wie kann es der transformativen Partei gelingen, nicht nur Vielfalt 1.0 zu erreichen, sondern die Unterschiedlichkeit der Engagierten in eine echte Kultur der Vielfalt zu übersetzen? Die Grundvoraussetzung hierfür ist die Fähigkeit zum Perspektivwechsel. Wie gut schafft es die Partei, die unterschiedlichen Perspektiven ihrer Engagierten ins Gespräch zu bringen und für die politische Arbeit nutzbar zu machen? Wie sehr gilt innen das, was die Partei im Gespräch mit Bürger:innen jenseits der Organisationsgrenzen pflegt? Also ein Gesprächsstil, der von offenem Zuhören, Nachfragen und Verstehenwollen geprägt ist?

Quotierbar und messbar ist das nicht. Umso wichtiger wird es, bewusst darüber nachzudenken, welche Hebel helfen können, Vielfalt 2.0 zu erreichen. Ein Mittel, damit das gelingt, ist unserer Erfahrung nach die bewusste Wahl, *wie* die Engagierten miteinander reden und arbeiten. Klingt trocken, ist aber ein echter Gamechanger. Redet vor allem derjenige, der sich am meisten Platz nimmt, am lautesten spricht? Oder gelten für Meetings Regeln, die sicherstellen, dass alle gehört werden? Fallen Entscheidungen qua Mehrheitsentscheid, der andere Meinungen und Bedenken einfach übergeht? Oder nutzt die Purpose-Partei Entscheidungsmodi, die Bedenken und Widerstände integrieren? Wer kluge Arbeits- und Kommunikationsmethoden einsetzt, schafft die Voraussetzungen dafür, dass Unterschiedlichkeit nicht nur im Raum sitzt, sondern auch zu Wort und miteinander ins Gespräch kommt.

Ein zweiter zentraler Hebel ist aus unserer Sicht, dass Führungsgremien von Anfang an bewusst mit der Vielfalt umgehen, die sie auf Ebene 1.0 vorweisen müssen. Auch hier gilt: Sensibilität und Entwicklungsoffenheit kann man niemandem vorschreiben. Aber die transformative Partei kann einen Mechanismus wählen, der die Chance auf Reflexion und bewussten Umgang mit Vielfalt (oder dem Mangel daran) erhöht. So ist es sinnvoll, dass bei Wahlen nicht Person für Person gewählt wird. Stattdessen treten Teams an. Diese Teams genügen den Kriterien von Vielfalt 1.0. Und sie legen im Bewerbungsprozess offen, was sie mit Blick auf Vielfalt 2.0 zu bieten haben, indem sie Einblick in ihre bisherigen Gespräche und Arbeitserfahrungen als diverses Team geben. Die Mitglieder haben dann die Chance, jeweils das Team zu wählen, das am geeignetsten scheint, die Rolle gut auszufüllen *und* Vielfalt auch in der Dimension 2.0 zu leben. Wir glauben, dass dieser Wahlprozess die Kultur der Partei positiv prägt. Im Ergebnis entstehen so Teams, die Vorbild für die gesamte Partei sind.

Auch abseits von Vielfalt hat dieses Vorgehen übrigens einen großen Vorteil. In klassischen Parteien sind Gremien oft ziemlich dysfunktional, weil häufig Einzelkandidat:innen gewählt werden, die für komplett unterschiedliche Richtungen stehen und sich persönlich nicht riechen können. Dem beugt die Teamkandidatur vor, weil Kandidat:innen vor der Wahl überlegen, mit wem sie antreten. Das erhöht die Wahrscheinlichkeit, dass insbesondere Führungsgremien am Schluss arbeitsfähig sind, anstatt sich in ideologischen oder persönlichen Kleinkriegen lahmzulegen.

Die Klammer der Vielfalt: Purpose, Werte, Ideologie

Keiner der Vorschläge in diesem Kapitel ist die *golden bullet*. Aber wir hoffen, dass die Ideen dabei helfen, Vielfalt zur gelebten Realität in der transformativen Partei werden zu lassen.

Ein Punkt ist uns zum Schluss dieses Kapitels wichtig: Es gibt eine Grenze der Vielfalt. Nämlich da, wo die Unterschiedlichkeit dazu führt, dass sich die Partei auf nichts mehr einigen kann. Wie jede Organisation braucht auch die Purpose-Partei einen Kern, der im Großen und Ganzen unumstritten ist. Der, bei aller Unterschiedlichkeit, für gemeinsame Ausrichtung und Orientierung sorgt. Wir halten es deshalb für doppelt wichtig, dass alle Engagierten klar zu Purpose, Ideologie und Werten der Partei stehen. Diese Klammer braucht es, um aus der Vielfalt eine schlagkräftige Einheit zu bilden. Und, bei aller Vielfalt und Dezentralität, in eine gemeinsame Richtung zu gehen.

Ready, steady, go: Vom Betriebssystem zum Start

Das war's. Ein neues Betriebssystem, das die Idee der transformativen Partei in die Praxis übersetzen soll. Wir erwarten nicht, dass das alles eins zu eins umgesetzt wird. Aber darum geht es auch gar nicht. Es geht darum, zu zeigen, was möglich wäre, wenn sich politische Parteien ein Betriebssystem geben würden, das in unsere Zeit passt. Es macht eine im positiven Sinn radikale, grundsätzliche, idealistische Politik möglich – alles, was wir beschrieben haben, ist also Mittel zum größeren, transformativen Zweck.

Ohne ein stabiles Fundament und ein durchdachtes Betriebssystem kann die transformative Partei nicht erfolgreich sein, davon sind wir überzeugt. Aber reicht das? Nein, noch nicht ganz. Genauso wichtig wie gute Grundlagen ist ein guter Start. Die ersten Wochen und Monate prägen eine neue Partei auf Jahre. Wer macht mit? Gibt es ausreichend Ressourcen? Schaffen die Mitstreiter:innen nicht nur den Sprint, sondern auch den Marathon? All diese Fragen entscheiden, ob die transformative Partei an Momentum gewinnt und am Ende die Gesellschaft verändern kann. Oder ob sie nach einigen Monaten wieder implodiert. Grund genug, den dritten Teil dieses Buches dieser besonderen Phase im Leben einer transformativen Partei zu widmen: dem Start.

Teil III

Der Start

Team: Vom Gründungsteam zur Partei der Vielen

Eine häufige Meinung ist, dass Parteien, weil sie demokratisch organisiert sind, offen für alle sein sollten, die sich mit dem Purpose der Partei identifizieren. Dass es nicht richtig sei, Menschen abzuweisen. Dass jede Person, die sich mit dem Purpose einer Partei identifiziert und deren Kultur akzeptiert, in ihr willkommen sein sollte. Wir stimmen dem grundsätzlich zu – allerdings nur, wenn wir von großen Parteien mit stabilen Strukturen sprechen.

Bei neuen, also zu Beginn noch kleinen Parteien sieht die Sache anders aus. Denn die ersten Monate und Jahre einer Partei sind extrem prägend. In dieser Zeit wird über den Purpose, kulturelle Werte, Struktur, Demokratieverständnis und vieles mehr entschieden. Zu diesem Zeitpunkt »offen für alle« zu sein führt dazu, dass Menschen mit sehr unterschiedlichen Vorstellungen an diesen Fragen arbeiten. Eine solche Gruppe aber erarbeitet absehbar eher ein widersprüchliches Potpourri aus Ideen, Werten, Ideologien und Arbeitsweisen als ein stabiles Fundament, das langfristig trägt.

Früh »offen für alle« zu sein birgt außerdem die Gefahr, dass eine neue Partei zu einem Auffangbecken für Menschen wird, die hauptsächlich Gesellschaft suchen. Wenn das soziale Zusammensein wichtiger wird als der eigentliche Purpose, wenn Abende mit den Parteifreund:innen zum Daseinszweck werden, dann raubt das der transformativen Partei die Erfolgschancen. Parteigründer:innen sollte deshalb klar sein, dass der primäre Daseinszweck von transformativen Parteien nicht ist, allen Menschen ein soziales Zuhause zu bieten, sondern sich transformativen Herausforderungen zu stellen.

Wir plädieren deshalb dafür, dass die transformative Partei in ihrer frühen Lebensphase sehr stark kontrolliert, wer mitmacht. Um sich dann in mehreren Stufen zu öffnen – bis hin zur letzten Stufe, die auch starkes Wachstum ermöglicht. Konkret bedeutet das, dass eine neue Partei sehr genau überlegt, welche Personen mit welchen Fähigkeiten sie gerade benötigt, und alle anderen Interessierten abweist oder vertröstet. Rechtlich ist das möglich, Parteien dürfen Mitglieder ablehnen. Erst wenn die eigenen Überzeugungen, Prozesse und Werte stabil sind, öffnet sich die Partei für Sympathisant:innen. Zu Beginn noch langsam und vorsichtig, später dann vollständig.

Eine solche Expansion könnte in fünf Stufen ablaufen:

1. Die Kerngruppe

Große politische Veränderungen entstehen nicht am Whiteboard. Sie sind das Produkt von Ideen, die langsam an Momentum gewinnen, von unzähligen Debatten und Büchern, Protesten und Kampagnen. Und auch Parteien entstehen nicht aus dem Nichts, sondern speisen sich aus der jahrelangen Vorarbeit von Tausenden Aktivist:innen und Denker:innen. Trotzdem gilt der Satz von Margaret Mead, der sagt, dass eine kleine Gruppe engagierter Menschen die Welt verändern könne – und dass dies die einzige Art und Weise sei, wie die Welt jemals verändert wurde.

Eine wirklich transformative Partei, denken wir, formt sich nicht spontan. Vielmehr braucht es eine kleine Gruppe Führungspersonen, die es wagen, etwas Neues zu beginnen. Personen, die in der Lage sind, die politische Wirklichkeit zu begreifen und zu formulieren, um daraus einen klaren und inspirierenden Purpose zu entwickeln. Die erste mitreißende politische Ideen und Visionen entwickeln, die Gelder einsammeln und die, am wichtigsten, weitere Menschen zusammenbringen und begeistern können. Diese Kerngruppe aus vielleicht fünfzehn bis dreißig Personen braucht es am Anfang, damit eine transformative Partei entstehen kann. Eine Gruppe, die erst einmal unter sich bleibt, weil es ihr gemeinsamer Prozess ist, der den Nukleus der späteren Partei in die Welt bringt.

2. Die erweiterte Kerngruppe

Nachdem die Kerngruppe über sich selbst und die grundlegende politische Verortung der transformativen Partei Klarheit gefunden hat, beginnt der Aufbau einer neuen Organisation. Dazu braucht es weitere Personen mit eher praktischen Führungsfähigkeiten – Menschen mit Erfahrungen in den Bereichen Human Resources, Fundraising, Öffentlichkeitsarbeit, Prozessdesign, Verwaltung und IT. Die Aufgabe dieser zusätzlichen vielleicht zehn bis zwanzig Personen ist es also, die Grundlagen für eine funktionierende Organisation zu legen.

Wir schätzen diesen Schritt als besonders kritisch und besonders schwierig ein. Kritisch, denn er entscheidet darüber, ob die Partei später in der Lage sein wird, ihren eigenen transformativen Ansprüchen gerecht zu werden. Schwierig, weil Menschen mit den genannten Fähigkeiten so gefragt in der Wirtschaft und Wissenschaft sind, dass sie üblicherweise wenig Zeit für politisches Engagement haben. Menschen zu gewinnen, die sowohl die benötigten Fähigkeiten mitbringen als auch die politischen Überzeugungen teilen, ist eine der zentralen Herausforderungen für die Kerngruppe. Aber wir sind überzeugt, dass es in Europa zahlreiche hochqualifizierte Menschen gibt, die ihr Herz am richtigen Fleck haben, die eine transformative Politik unterstützen würden und deren Wissen und Fähigkeiten ein großer Gewinn für jede transformative Partei wären. Sie gilt es zu finden und zu überzeugen.

3. Erste Öffnung

Stehen die Grundlagen der Organisation, kann sich eine transformative Partei vorsichtig öffnen und ihre Strukturen und Prozesse testen und erweitern. Es ist der erste echte Test, ob die Aussagen und Ideen der Kerngruppe auf Resonanz stoßen. Tun sie das, sollte die Partei in der Lage sein, in wenigen Monaten über persönliche Einladungen die ersten fünfhundert Mitglieder und Freiwilligen zu gewinnen. Fällt ihr das schwer, kann das ein Zeichen dafür sein, dass zum Beispiel der Daseinszweck der Partei nicht scharf genug formuliert wurde oder die politische Analyse Schwächen hat.

Auch diese Öffnung wird die Partei lange prägen. Weil sich Menschen gerne mit Menschen umgeben, die ihnen ähnlich sind, und weil die erste Kohorte Mitglieder die zweite wirbt, sind die ersten fünfhundert Mitglieder prototypisch für künftige Mitglieder. Das bedeutet zum Beispiel: Sind unter den ersten Mitgliedern überwiegend Männer, wird die Partei wahrscheinlich auch später einen hohen Männeranteil haben. Eine spätere Korrektur ist sehr schwierig.

Um die erste Öffnung nicht dem Zufall zu überlassen, empfehlen wir daher das Einladen über die privaten Netzwerke der Kerngruppe statt eines öffentlichen Aufrufs. Es verhindert, dass die Mitgliederstruktur der Partei von den Menschen geprägt wird, die sich als Erste angemeldet haben – häufig Menschen mit viel Zeit und zu viel Ego –, stattdessen durch die Menschen, die sich tief mit dem Purpose der Partei verbunden fühlen und fähig sind, für ihn zu kämpfen.

4. Warteliste und Referrals

Gelingt die erste Öffnung, dann melden sich weitere Interessierte bei der Partei. Auch an diesem Punkt plädieren wir für ein bewusstes Steuern der Mitgliederstruktur, etwa über eine Warteliste, wie schon im Kapitel über Vielfalt vorgeschlagen. Hat eine Partei beispielsweise den Anspruch, eine Mitgliederbasis mit einem ausgewogenen Verhältnis der Geschlechter aufzubauen, kann sie jeweils unterrepräsentierte Geschlechter bevorzugt aufnehmen. Männer sind dann beispielsweise trotzdem willkommen, müssen aber eventuell etwas länger bis zur Aufnahme warten, sodass die Mitgliederstruktur möglichst ausgeglichen bleibt. Noch verstärken lässt sich diese Steuerung mit Anreizen, weitere Mitglieder zu werben. Mittels sogenannter Referrals könnten beispielsweise Menschen auf der Warteliste vorrücken, wenn sie Mitglieder werben, die für die angestrebte Mitgliederstruktur besonders gesucht werden.

Dieses Vorgehen bricht mit den Konventionen, die besagen, dass Parteien offen für alle sein müssten. Wir sehen das anders, zumindest zu diesem frühen Zeitpunkt. Wenn eine neue Partei ihr Wachstum nicht begrenzt und kontrolliert, wird sie später nicht in der Lage sein, sich wirksam für ihren Daseinszweck einzusetzen. Erst wenn sich die Mitgliederstruktur stabilisiert hat, Diversität und bestimmte kulturelle Werte als Selbstverständlichkeit gesetzt sind, die Ressourcen ausreichen und die Prozesse der Partei in der Lage sind, mit vielen neuen Mitgliedern umzugehen, ist es Zeit für den letzten Schritt: die vollständige Öffnung.

5. Vollständige Öffnung

Ab vielleicht fünftausend Mitgliedern sollten sich Mitgliederstruktur und Prozesse so stabilisiert haben, dass die Partei sich vollständig öffnen kann. Jetzt endlich ist es Zeit zu sagen, dass die Partei allen, die sich mit dem Purpose und den Werten der Partei identifizieren, offensteht. Eine Warteliste kann trotzdem sinnvoll sein, um plötzliche Eintrittswellen, zum Beispiel nach einer Wahl, etwas abzufedern. So erhöht die Partei die Wahrscheinlichkeit, dass neue Mitglieder das Onboarding bekommen, das sie verdienen.

Herzlich willkommen!

Wie aber geht es weiter, sobald eine interessierte Person es auf Platz eins der Warteliste geschafft hat? Parteibuch per Post und dann Ortsvereinssitzung? Bitte nicht! Die ersten Kontakte entscheiden, ob ein Mitglied ein wertvoller Teil der Mission wird – oder eine Karteileiche, die nach kurzer Zeit enttäuscht und ernüchtert wieder austritt. Weil die Mitglieder und Freiwilligen die wertvollsten Ressourcen einer transformativen Partei sind, sollte es für die Parteiführung erste Priorität sein, ihnen einen persönlichen Einstieg zu bieten, der die Neuankömmlinge auf lange Sicht an die Partei bindet.

Neue wie klassische Parteien experimentieren schon seit geraumer Zeit mit Onboarding-Prozessen, um neue Mitglieder willkommen zu heißen und ihnen Orientierung zu bieten. Am vielversprechendsten finden wir den Ansatz eines zentralisierten Online-Onboardings, in dem per Videokonferenz zunächst Purpose, Kultur und Prozesse der Partei erklärt werden. Im Anschluss wird jede Person gefragt, ob sie sich engagieren oder lieber nur passiv unterstützen möchte. Wer mehr machen will, bekommt Vorschläge für passende Rollen und weitere, individualisierte Onboardings. Die Teilnahme an zumindest einem grundlegenden Onboarding kann sogar zur Voraussetzung für eine Mitgliedschaft gemacht werden.

Sobald die Partei wächst, müssen diese Prozesse professionalisiert werden – sonst suchen sich Engagierte ihren Platz selbst, Arbeit bleibt liegen, und Chaos bricht aus. Die transformative Partei braucht deshalb eine Art Personalabteilung. Sie sorgt dafür, dass Vakanzen ausgeschrieben, Rollen sinnvoll besetzt und Onboardings durchgeführt werden. Sie ist gleichzeitig zentrale Anlaufstelle für alle Motivierten, die mehr machen möchten.

Geld: Warum Ehrenamtliche keine erfolgreiche Partei aufbauen können

73 Millionen Euro. So hoch waren 2018 durchschnittlich die Einnahmen der im Bundestag vertretenen Parteien. Die Einkünfte der mitgliederstärksten Parteien SPD und CDU lagen mit 172 Millionen respektive 147 Millionen Euro noch mal deutlich höher. Das sind noch keine amerikanischen Verhältnisse, wo die Wahlkampfbudgets astronomisch sind, aber auch keine Peanuts. Und riesig im Vergleich zu den Summen, die vielen neuen Parteien normalerweise zur Verfügung stehen. Zum Vergleich: *Demokratie in Bewegung* hatte 2017, im Jahr der Parteigründung, Einnahmen von lediglich 311.000 Euro. Die deutsche Gliederung der neuen transeuropäischen Partei Volt musste im Gründungsjahr 2018 sogar mit nur 53.000 Euro auskommen.

Unserer Erfahrung nach wird die Frage des Geldes bei Parteigründungen nur am Rande behandelt. Wir halten das für einen großen Fehler. Fundraising sollte zu den Punkten gehören, die noch in der Konzeptionsphase einer neuen Partei besprochen und ernsthaft angegangen werden müssen. Denn ohne genügend finanzielle Mittel sind die Erfolgsaussichten für transformative Parteien äußerst gering.

Der Grund ist einfach: Wer die in diesem Buch formulierten Ideen umsetzen möchte, braucht unserer Meinung nach hauptamtliche Mitarbeiter:innen. Ehrenamtliche und eine Do-it-yourself-Mentalität können zwar vieles möglich machen, und natürlich sind Purpose-Parteien unbedingt und überall auf Ehrenamtliche angewiesen. Aber es gibt Rollen, die so viel Verantwortung, Einsatz und Professionalität verlangen, dass sie hauptberuflich ausgefüllt werden sollten – und deshalb selbstverständlich auch bezahlt werden müssen, sobald das irgendwie möglich ist. Zu diesen Rollen gehören die führenden operativen Arbeitskräfte, also Menschen, die die Öffentlichkeits- und Pressearbeit, das Fundraising, die Technik und die Verwaltung verantworten. Dazu die leitenden Personen in den Bereichen Multitude-Organizing und Prozessbegleitung. Und auch die Parteiführung sollte hauptberuflich tätig sein, sodass sie so viel Zeit wie möglich für ihr Amt aufwenden kann.

Klingt selbstverständlich, ist es aber nicht. Nehmen wir die Grünen als Beispiel. Da gilt es heute noch als ganz normal, dass Landesvorsitzende rein ehrenamtlich arbeiten. Das tun sie dann auch, mit Hingabe und hoher Leidensfähigkeit. Aber nachhaltig ist das nicht. Entweder arbeiten diese Personen nur in Teilzeit, um mehr Zeit für das politische Mandat zu haben, und krebsen finanziell herum, was nicht dauerhaft funktioniert. Oder sie arbeiten weiterhin Vollzeit und powern sich dann frühmorgens, spätabends und am Wochenende für die Partei aus. Beides ist nicht im Sinn der Sache, weil klar ist: Das hält keine:r dauerhaft durch, schon gar nicht auf hohem Niveau. Und es öffnet Tür und Tor dafür, dass vor allem Menschen mit mehr oder viel Geld ein Parteiamt übernehmen.

Deshalb ist Geld ein so wichtiges Thema für transformative Parteien. Geld bedeutet Zeit, Freiraum, an vielen Stellen auch Qualität und Qualifikation. Umso wichtiger also, dieses Thema von Anfang an hoch zu priorisieren. Ansonsten rutscht gerade eine neu gegründete Partei schnell in eine permanente Kultur der Selbstausbeutung, die gegen all das steht, was gute politische Arbeit langfristig braucht.

Wie viel Geld braucht eine neue Partei?

Braucht eine Parteigründung also ebenfalls 73 Millionen Euro Jahresbudget? Nein. Aber eben trotzdem deutlich mehr als die paar Tausend Euro, die einige Engagierte in ihrem Freundeskreis zusammenkratzen können. Wir möchten niemanden entmutigen, im Gegenteil. Aber wir wollen versuchen, eine realistische Einschätzung zu geben. Und die sagt: Ohne mittlere sechsstellige Budgets für die ersten zwei Jahre ist es sehr schwierig, eine relevante Partei aufzubauen. Vielleicht nicht unmöglich, aber sehr schwierig.

Unsere Schätzung basiert auf eigenen Erfahrungen, aber auch auf den Budgets anderer neuer Parteien, die den Sprung in Parlamente geschafft haben. Einige Beispiele: Die liberale österreichische Partei NEOS wurde im Herbst 2012 gegründet und konnte 2013 mit fünf Prozent der Stimmen in den österreichischen Nationalrat einziehen. Ihr standen Einnahmen von 2,2 Millionen Euro zur Verfügung. Die sogenannte Alternative für Deutschland, ebenfalls 2012 gegründet, konnte im Gründungsjahr 7,7 und im Folgejahr 12,5 Millionen Euro Einnahmen verbuchen. La République En Marche!, die Partei von Frankreichs Präsident Macron, sammelte 2016 in den ersten zwölf Monaten nach ihrer Gründung mehr als neun Millionen Euro an Spenden ein. Macrons linkspopulistischer Konkurrent Jean-Luc Mélenchon kam auf zwei Millionen Euro Spendengelder.

Es gibt allerdings auch Gegenbeispiele: Die spanische Partei Podemos konnte bei der Europawahl 2014, im Jahr ihrer Gründung, 7,9 Prozent der Stimmen erreichen – mit einem Budget von lediglich 150.000 Euro. Sie profitierte von der großen Unzufriedenheit der Menschen in Spanien nach der Finanz- und Wirtschaftskrise und der enormen Sehnsucht nach einer linken politischen Alternative. Trotz dieses Beispiels gilt aus unserer Sicht: Je besser die Einnahmen, desto höher die Chancen auf Erfolg. Neue Parteien sollten deshalb sehr früh eine umfassende Fundraisingstrategie erarbeiten.

Woher kommt das Geld?

Womit wir bei der Gretchenfrage wären: Woher kommt das Geld? In der öffentlichen Diskussion geht es bei dieser Frage vor allem darum, ob Groß- und Unternehmensspenden zugelassen werden sollten oder nicht. Diese Frage ist zwar relevant, aber für das Thema Fundraising zu beschränkt, wie ein Blick auf die Einnahmen der klassischen Parteien in Deutschland zeigt.

Einnahmen deutscher Parteien 2018 (in Euro); Quelle: Deutscher Bundestag						
	Gesamt	Parteien-finanzierung	Mandats-träger:innen-beiträge	Mitglieder-beiträge	Spenden	Davon Spenden über 50.000 €
SPD	172,3 Mio.	56,7 Mio.	26,2 Mio.	53,7 Mio.	9,3 Mio.	390.000
CDU	147,3 Mio.	56,1 Mio.	20,7 Mio.	37,7 Mio.	17 Mio.	1 Mio.
CSU	45,3 Mio.	13,7 Mio.	3,6 Mio.	10,3 Mio.	10,2 Mio.	625.000
Grüne	48,4 Mio.	19,2 Mio.	9,9 Mio.	11,3 Mio.	4,8 Mio.	258.000
Linke	33,1 Mio.	14,4 Mio.	5 Mio.	10,4 Mio.	1,9 Mio.	0
FDP	35,7 Mio.	15,0 Mio.	2,7 Mio.	9,0 Mio.	5,9 Mio.	386.000
AfD	28,4 Mio.	10,0 Mio.	1,4 Mio.	3,6 Mio.	5,1 Mio.	0

Die wichtigste Einnahmequelle der im Bundestag vertretenen Parteien ist die staatliche Parteienfinanzierung. Voraussetzung dafür ist, dass eine Partei bei einer Wahl mehr als 0,5 Prozent der Stimmen gewinnen kann. Je mehr Menschen die Partei gewählt haben und je höher die eigenen Einnahmen der Partei sind, etwa über Spenden und Mitgliederbeiträge, desto mehr Geld bekommt sie als Zuschuss. Für neue Parteien ist die Parteienfinanzierung ein wichtiger Schritt in die finanzielle Sicherheit – der allerdings erste Wahlerfolge voraussetzt, denen wiederum Investitionen vorausgehen müssen. Es braucht also andere Einnahmequellen, um die Chance zu haben, möglichst schnell in den Genuss der staatlichen Parteienfinanzierung zu kommen.

Die zweit- und drittwichtigste Einnahmequelle sind Mitglieder- und Mandatsträger:innenbeiträge. Letztere sind Abgaben, die gewählte Parlamentarier:innen aus ihren Diäten an ihre Partei spenden. Bei der SPD waren das 2018 ganze 26,2 Millionen Euro, bei der FDP immerhin noch 2,7 Millionen Euro. Die Einnahmen durch Mitgliederbeiträge sind sogar noch höher: 53,7 Millionen Euro zahlten SPD-Mitglieder 2018 an ihre Partei, bei der CDU waren es 37,7 Millionen Euro. CSU, Die Grünen, Die Linke und die FDP kamen auf neun bis elf Millionen Euro. Für neue Parteien sind leider auch diese beiden Optionen nicht sehr aussichtsreich – zumindest zu Beginn, einfach weil es da nur wenige Mitglieder und noch weniger Abgeordnete gibt.

Die vierte relevante Einnahmequelle der klassischen Parteien sind Spenden. Auch hier nehmen die Parteien Millionenbeträge ein. Aber der Anteil am Gesamtbudget ist gering, im Durchschnitt lediglich 12,7 Prozent. Häufig wird behauptet, das läge daran, dass es in Deutschland keine politische Spendenkultur gäbe. Wir glauben, es liegt daran, dass klassische Parteien einfach schlecht im Crowdfunding sind, also dem Sammeln von sehr vielen kleinen und mittleren Spenden. Für neue, transformative Parteien liegt hier eine riesige Chance. In den USA sind Wahlkampagnen ohne Crowdfunding beispielsweise nicht mehr vorstellbar. Bei den Vorwahlen der Democratic Party 2020 konnten Bernie Sanders 5,9 Millionen Dollar, Beto O'Rourke 6,1 Millionen und Joe Biden 6,3 Millionen Dollar an Spenden sammeln – jeweils in den ersten vierundzwanzig Stunden ihrer Kampagne. Und auch die schiere Anzahl der Spender:innen ist beeindruckend. Im letzten Quartal 2019, also in nur drei Monaten, spendeten nach eigenen Angaben 1,8 Millionen Menschen an Bernie Sanders – mit einer Durchschnittsspende von 18,53 Dollar.

Natürlich lassen sich diese Zahlen nicht eins zu eins auf Europa und Deutschland übertragen. Und doch zeigen sie das Potenzial von Fundraising. Wer einen mitreißenden Purpose und eine überzeugende politische Strategie zu bieten hat, der kann online in kurzer Zeit viel Geld einsammeln. Voraussetzung dafür ist eine große eigene Adressdatenbank, mit der Spender:innen direkt angesprochen und zum Spenden aufgerufen werden können. Es ist vielleicht überraschend, aber trotz der Dominanz von Social-Media-Plattformen gilt E-Mail-Fundraising als profitabelste Spendenquelle. Ein Beispiel: Eine einzige E-Mail an seinen Verteiler mit dem Betreff »If I run« brachte Bernie Sanders 299.000 Dollar an Spenden von insgesamt elftausend Spendern.

Wichtig ist: E-Mail-Fundraising ist mehr als das bloße Verschicken von Spendenaufrufen. Es geht um den Aufbau von langfristigen Beziehungen. Das bedeutet, nicht in Plattitüden, sondern in einfachen, persönlichen und klaren Worten auf Augenhöhe zu kommunizieren. Nicht nur zu nehmen, sondern auch zu geben. Und vor allem die Wir-Perspektive zu verlassen. »Wir von der Musterpartei machen Politik für die Menschen. Deswegen haben wir auf unserem Parteitag die Weichen für eine neue Zeit gestellt. Für ein starkes Land und eine starke Partei!« – Sätze wie diese berühren niemanden. Transformative Parteien machen ihre Unterstützer:innen zu wirksamen Agent:innen der Mission, statt sie als passive Empfänger:innen ihrer Parteipropaganda zu betrachten. Fundraising ist dann kein losgelöster Bereich, sondern integriert in die normale Kommunikation. Es geht um das gemeinsame Ziel – eine Spende ist lediglich Mittel zum Zweck.

Entscheidend ist auch die Größe der eigenen Adressdatenbank. Erfahrungswerte zeigen, dass auf aktuellen E-Mail-Verteilern pro Jahr etwa 0,5 bis 1 Prozent der Menschen spenden, und zwar meistens zwischen fünfzehn und dreißig Euro. Seltener gibt es Spenden bis fünfhundert Euro. Für eine ausreichende Finanzierung braucht es also Tausende E-Mail-Adressen. Die Schlussfolgerung: früh anfangen, die Adressdatenbank aufzubauen. Jede Adresse ist bares Geld wert.

Kredite und Großspenden – Ja oder Nein?

Eine weitere, wenig beachtete Option der Finanzierung sind Kredite. Wenn Parteien dringend Geld brauchen, können sie sich, wie andere Organisationen auch, bei Banken Geld leihen. Wir halten Bankkredite für Parteien allerdings für problematisch. Eine Partei sollte sich niemals in die Abhängigkeit von einer Bank begeben. Die österreichische Partei NEOS hat einen besseren, kreativeren Weg gefunden. Wie Josef Lentsch in seinem Buch *Political Entrepreneurship* beschreibt, lieh sich die Partei für ihre Wahlkampagne Geld nicht von einer Bank, sondern von ihren Mitgliedern. Der Deal war: Kommen wir ins Parlament (und bekommen deswegen staatliche Unterstützung), bekommt ihr euer Geld zurück. Schaffen wir es nicht, werden die Kredite in Spenden umgewandelt. 2017 kamen so 600.000 Euro zusammen.

Bei Großspenden ist die Lage komplizierter – und die Diskussion sehr kontrovers. Seit Jahren fordern Organisationen wie LobbyControl die Begrenzung von Großspenden, bisher ohne Erfolg. Wie die Tabelle zeigt, machen Großspenden, also meldepflichtige Spenden über 50.000 Euro, bei klassischen Parteien nur einen äußerst geringen Anteil der Gesamteinnahmen aus. Wir finden es deshalb rätselhaft, warum große Parteien mit stabilen Finanzen trotzdem weiter Großspenden annehmen und sich dafür permanent Vorwürfen der Bestechlichkeit und Beeinflussung aussetzen. Der Vertrauensverlust kostet deutlich mehr, als durch Großspenden eingenommen wird.

Eine noch junge Partei mit unsicheren, prekären Finanzen ist dagegen ein anderes Paar Schuhe. Denn Crowdfunding ist zwar mächtig, aber es dauert eine Weile, bis man die notwendige Reichweite aufgebaut hat. In dieser Anfangszeit hat die Partei eine beträchtliche Finanzierungslücke. Auch bei Wahlkampagnen ist das ein großes Problem. Die meisten Spenden kommen in den letzten Wochen vor der Wahl, viele Ausgaben stehen aber schon deutlich früher an. Was also tun, um diese Finanzierungslücke zu schließen? Sollten transformative Parteien ein Angebot einer wohlhabenden Person annehmen, die der Partei eine Startfinanzierung anbietet? Sollten sie sich sogar durch eine aktive Ansprache um genau solche Spender:innen bemühen, bis eine finanziell sichere Lage erreicht ist?

Dafür spricht, dass der Aufbau einer transformativen Partei feste Mitarbeiter:innen braucht – und deshalb schon früh ausreichend finanzielle Mittel. Nur über Kleinspenden und Mitgliedsbeiträge ist das am Anfang kaum zu schaffen. Dagegen spricht, dass sich als glaubwürdiger darstellen kann, wer keine Großspenden annimmt; dass Einflussnahme, zumindest über Großspenden, ausgeschlossen werden kann; und dass es schwierig ist aufzuhören, wenn man einmal angefangen hat.

Wir haben großes Verständnis, wenn eine Partei sich gegen Großspenden entscheidet. Aber dann muss eine Alternative her. Neue, transformative Parteien, darauf wollen wir mit diesem Kapitel hinaus, brauchen eine durchdachte und realistische Fundraisingstrategie. Ohne Geld zu starten und auf das Beste zu hoffen ist kurzsichtig.

Selbstführung: Von der Kunst des Dauerlaufs

Stell dir vor, du bist chronisch übermüdet. Du hast Hautausschläge, zum Glück vor allem dort, wo es deine Kolleg:innen nicht sehen können. Nachts rast dein Kopf, springt von einem Gedanken zum nächsten, an Schlaf ist nicht zu denken. Am Wochenende machst du die Termine, die in der Woche nicht gingen, und im Urlaub telefonierst und schreibst du mit den Leuten, die dringend mal in Ruhe bearbeitet werden wollen. Irgendwann, das weißt du, knallst du zusammen, aber du machst weiter. Weil du denkst: Wenn ich langsamer mache, übernehmen andere.

Stell dir vor, es ist einundzwanzig Uhr, du sitzt allein in deinem Büro im Bundestag. Vor dir auf dem Tisch eine Linie Koks. Du ziehst sie rein, gehst zum nächsten Termin, kommst danach wieder ins Büro und arbeitest in den frühen Morgen. Als du am nächsten Tag um acht Uhr wieder das Büro betrittst, schaut dich deine Büroleiterin an, und du liest in ihrem Blick: Sorge, Angst, Fragezeichen. Und sitzt abends wieder am gleichen Tisch, dein Schreibtisch voll unbearbeiteter Themen, vor dir die Linie Koks. Hauptsache, es geht weiter. Hauptsache, du hältst es durch, irgendwie.

Stell dir vor, du spürst nichts mehr. Schlechte Laune gibt es nicht, gute auch nicht. Es gibt nur den Zustand, wie er eben ist. Du hast das Gefühl, als seist du in einer unsichtbaren Kugel, gar nicht mehr anfassbar durch die Welt, in der du dich Tag für Tag reinhängst. Dein Umfeld lobt deinen Gleichmut, deine Gelassenheit, dass du selbst unter größtem Druck gefasst bleibst. Du weißt: Das ist, weil nichts an dich rankommt, was dich aus der Fassung bringen könnte. Aber das wissen die ja nicht. Dass du depressiv bist, wie halbtot, ist dir klar. Aber das wäre auch nicht anders, wenn du weniger machst – dann kannst du gleich beim bisherigen Arbeitspensum bleiben.

Drei Vorstellungen, alle nicht schön. Beispiele, die wir aus dem echten Leben im politischen Berlin kennen. Fälle, die ein kleiner Ausschnitt sind aus dem oft brutalen Alltag im politischen Betrieb. Ein Betrieb, in dem menschliches Bedürfnis und Lebensrealität, Fühlen und Handeln, Wunsch und Wirklichkeit oft unfassbar weit auseinanderklaffen. Leider scheint es ein Wesensmerkmal der politischen Welt zu sein, dass sie Menschen von sich selbst entfernt, hin zu einem Zustand, in dem sie sich nicht mehr gut um sich selbst und ihre Bedürfnisse kümmern können.

Ein Problem? Ja. Und zwar über das persönliche Drama hinaus, das sich hinter Einzelschicksalen wie den oben beschriebenen verbirgt. Denn wer sich selbst nicht fühlt, der fühlt auch andere Menschen nicht. Wer seine eigenen Grenzen Tag für Tag verletzt, erkennt meist auch die Grenzen anderer nicht an. Wer nicht für sich selbst sorgen kann, kann auch für andere nicht gut da sein. Wer sich selbst nicht ordentlich führt, sollte keinen Führungsanspruch gegenüber Dritten erheben.

Gegen die Kultur der Selbstausbeutung

Dabei brauchen wir so dringend Politiker:innen, die genau das können: sich selbst führen. Gut zu sich sein, um Raum für die Bedürfnisse und Anliegen anderer zu haben. Politiker:innen, die auch unter großem Druck die Fähigkeit besitzen, auf sich selbst zu achten, einen Gang zurückzuschalten, sich rauszunehmen, nachzudenken, einen eigenen Blick zu bewahren, anstatt einfach nur im hysterischen Hamsterrad mitzurennen, weil die anderen es auch tun.

Es ist ein sonderbarer Widerspruch. Eigentlich müsste der politische Raum einer sein, in dem Menschen mit besonders viel Achtsamkeit und Umsicht unterwegs sind. Weil sie die Schicksalsfragen unserer Zeit behandeln, für die großen Themen unserer Zeit Lösungen finden sollen, weil sie unterschiedlichste Interessen wahrnehmen, hören und in Ausgleich bringen müssen. Das braucht ein hohes Maß an Präsenz, an Bei-sich-Sein, an Offenheit bei gleichzeitiger Verortung und klarer Intention.

Aber wir erleben im politischen Betrieb, ja in der Non-for-profit-Welt allgemein, meist das Gegenteil. Nämlich Menschen wie die oben beschriebenen. Klar, die meisten Schicksale sind nicht so dramatisch. Aber das kranke Grundmuster bleibt: immer zu viel auf einmal, kaum mehr aufnahmefähig, notorisch unruhig, vor lauter Daueraktivität nicht in der Lage, sich zu besinnen und einen ruhigen Gedanken zu fassen, geschweige denn einen strategischen.

Warum ist das so? Ein Hauptgrund ist die Kultur der extremen Selbstausbeutung und Dauergrenzverletzung im Non-for-profit-Bereich und damit auch in der Politik. Beispiele gefällig? Parteien sind zum größten Teil ehrenamtliche Veranstaltungen, weshalb der echte Betrieb dann losgeht, wenn andere Menschen ihre ruhigen Stunden genießen. Am frühen Morgen, abends und nachts, am Wochenende. Die meisten Parteiaktiven haben einen bezahlten Job und leisten ihr Politikpensum sozusagen nebenher ab: die Auseinandersetzung mit komplexen Sachfragen, das Aushandeln fundamentaler Interessensgegensätze, das Koordinieren und Vorbereiten von Gremiensitzungen, Öffentlichkeitsarbeit, Kampagnenplanung, Wahlkampf … die Liste findet kaum ein Ende. Kein Wunder, dass schnell der Eindruck aufkommt: Egal, wie viel ich tu – es ist nie genug.

Das wird übrigens auch nicht anders, wenn man ein politisches Mandat hat und sozusagen hauptberuflich Politik macht. Koordinationssitzungen starten oft schon vor acht Uhr morgens, gefolgt von eng getakteten Tagen voll von Sitzungen, die Abende und Wochenenden zugestopft mit politischen Terminen aller Art.

Es hört also nie auf, und scheinbar reicht es nie. Weil die Komplexität, die hohe Taktung und der enorme Koordinationsbedarf von Politik wie ein schwarzes Loch sind, das immer nach mehr verlangt als nach den hundertzehn Prozent, die die meisten bereits geben. Dazu fehlen den meisten politischen Organisationen die Ressourcen – personell und finanziell –, die es bräuchte, um die Arbeit in machbaren Paketen auf ausreichend viele Schultern zu verteilen. Da ist die Verlockung groß, immer zu hochtourig zu fahren. Und das führt zu einer Norm, die keine sein dürfte. Nämlich der, dass Dauerarbeit und Dauerüberlastung fast selbstverständlich sind.

Die Herausforderung: Sich trotzdem rausnehmen

Mit diesen Rahmenbedingungen gut klarzukommen – das ist nicht leicht. Aber es ist wichtig. Denn nur wer es schafft, trotz hohem Takt und hoher Intensität bei sich zu bleiben, ist dauerhaft in der Lage, große Wirksamkeit zu entfalten. Einige Voraussetzungen dafür haben wir oben schon angeschnitten: den Mut, sich rauszunehmen und abseits des täglichen Betriebs in Ruhe zu strategischen Fragen zu arbeiten. Den inneren Raum, um andere Lebenswelten mit Mitgefühl und Offenheit zu erkunden. Die Selbstverständlichkeit, jeden Tag Zeit zu haben, um das Erlebte und Gehörte zu reflektieren und zu verdauen – und zu überlegen, was es für das eigene Denken, die eigene Positionierung bedeutet. Und so weiter.

Leider haben wir die Haltung, die es hierfür bräuchte, in der Regel nirgendwo gelernt. Sondern, und zwar von frühester Schulzeit an, das Gegenteil: Anforderungen zu erfüllen und an uns gestellte Aufgaben so abzuarbeiten, dass andere zufrieden sind. Dass es mindestens ebenso wichtig ist, gut auf sich selbst zu achten und die eigenen Bedürfnisse ebenso hoch zu priorisieren wie die Bedürfnisse, die die Außenwelt an uns stellt, das hingegen müssen wir uns meist selbst beibringen. Leider – und daran erinnern uns die Beispiele zum Einstieg dieses Kapitels – geschieht genau das bei vielen Menschen im politischen Betrieb nie oder viel zu spät.

Für eine Kultur der guten Selbstführung

Umso wichtiger ist es, dass die transformative Partei von Beginn an alles daransetzt, eine Kultur zu etablieren, die gute Selbstführung ermutigt. Dazu gehören banale, aber keineswegs selbstverständliche Punkte: dass ehrenamtliche Zeit als knappe, extrem wertvolle Ressource gesehen wird, mit der man hochgradig sorgsam umgeht. Dass Meetings nicht vor und nicht nach einer gewissen Uhrzeit angesetzt werden, auch und gerade für Ehrenamtliche. Dass man Haupt- und Ehrenamtliche ermutigt, stets bewusst zu priorisieren – und damit auch die Entscheidung gegen gewisse Aufgaben zu treffen, um die Liste der unerledigten Aufgaben so kurz wie möglich zu halten. Dass es selbstverständlich ist, dass Menschen ein Leben abseits der Politik haben. Dass man Hauptamtliche nach Möglichkeit so für ihre Arbeit bezahlt, dass sie ordentlich davon leben können. Und so weiter.

Darüber hinaus sollte die transformative Partei wo immer möglich Formate wählen, die Menschen in Richtung Reflexion und Auf-sich-Hören stupsen. Das beginnt im ganz Kleinen, mit Check-ins und Check-outs zum Anfang und Ende von Meetings. Diese kleinen Sequenzen helfen den Teilnehmenden, aktiv in sich reinzuhören und die Frage zu beantworten: Wie geht es mir gerade, was brauche ich eigentlich? Aber es übersetzt sich auch ins Größere. Dass, als Beispiel, strategischen Fragen der Raum gegeben wird, den sie verdienen. Es ist oft viel sinnvoller, einen Vorstand zwei Tage am Stück zu zentralen Fragestellungen arbeiten zu lassen, als dass er in immer wieder neuen 90-Minuten-Meetings immer wieder neu anfängt, diese dicken Bretter zu bohren. Auch, weil zwischenmenschliche Entwicklung und Beziehungsarbeit nie unter Druck passieren, sondern ausreichend Zeit und Raum brauchen.

Ein weiterer Hebel ist, das Thema Selbstführung explizit zu besprechen und zu bearbeiten. Gremien – beispielsweise der Vorstand – arbeiten oft und intensiv zusammen, gestalten und ertragen oft heftige Diskussionen miteinander. Umso wichtiger, dass die Mitglieder solcher Gremien ein vertieftes Selbstverständnis dafür entwickeln, wie sie selbst und die Kolleg:innen funktionieren. Welche Stärken, welche Entwicklungsfelder sind da? Wie reagiere ich, wenn ich im Stress bin? Was hilft mir, mich sicher zu fühlen und mit offenem Visier mit anderen zusammenzuarbeiten? Solche Fragen sind besprechbar und enorm hilfreich, um Einzelne und das Gremium insgesamt zur besseren Steuerung und Zusammenarbeit zu befähigen.

Natürlich kann die transformative Partei niemandem vorschreiben, gut auf sich selbst zu achten. Sie kann nur Weichen stellen, um nach Möglichkeit zu verhindern, dass Menschen in der Überlastung enden. Und Anreize setzen, damit Engagierte sich immer wieder bewusst mit der Frage beschäftigen: Wie geht es mir eigentlich, welche Bedürfnisse habe ich, und was brauche ich, um meine Arbeit dauerhaft gesund und glücklich leisten zu können?

Am Schluss hat trotzdem jede:r Einzelne die Pflicht, Verantwortung für sich zu übernehmen. Selbst zu entscheiden, wie weit man gehen will und wo Grenzen sind, die heilig sind. Auch, weil wir als Menschen unterschiedlich sind. Was die eine leicht wegsteckt, haut den anderen um. Umso wichtiger, dass jede:r gut auf sich selbst schaut und das tut, was es braucht, um auf lange Frist einen Beitrag leisten zu können. Das ist wichtig, denn Transformation ist ein Dauerlauf, kein Sprint. Wer rast und deshalb nach kurzer Zeit den Atem verliert, verändert absehbar weniger als die Person, die langfristig ein gutes Tempo hält.

Momentum: Über Mut, Wumms und die Erlaubnis zu scheitern

Was macht eine Partei erfolgreich? Interne Strukturen? Genügend Geld? Gutes Marketing? Nein. All das ist wichtig, ohne diese Dinge geht es nicht. Aber am Ende ist etwas anderes entscheidend: Momentum. Momentum entsteht dann, wenn historischer Zeitpunkt, Thema und Person zueinanderpassen. Wenn Parteien den *sweet spot* erwischen und wie gerufen zur richtigen Zeit mit den richtigen Inhalten und Gesichtern zur Stelle sind.

Das zu schaffen ist nicht leicht, weil das Zusammenkommen dieser drei Faktoren nur begrenzt beeinflussbar ist. Trotzdem sind Parteien keine passiven Opfer der Weltgeschichte. Sie können und sollten selbstbewusst handelnde Subjekte sein, die für ihren Purpose kämpfen. Und es gibt durchaus Dinge, die sie tun können, um Momentum zu gewinnen.

So können sie inhaltliche Substanz schaffen. Wer visionäre Antworten auf die großen Herausforderungen unserer Zeit liefert statt die immer gleichen mutlosen Forderungen, der bekommt gerade in Krisenzeiten eher Aufmerksamkeit als die klassischen Wettbewerberinnen. Bernie Sanders ist ein gutes Beispiel dafür. Seine (für die USA) radikalen Forderungen begeistern Millionen und hätten das Potenzial, die Vereinigten Staaten grundlegend zu verändern. Und auch die Frage, wer eine Partei führt und repräsentiert, hat die Partei in der Hand. Steht ein plattitüdenschwingender Lackaffe ganz vorne? Oder ein:e charismatische:r Politiker:in, die begeistert, zuhört und inspiriert? Wenn so eine Person neu – oder in neuer Rolle – auf der politischen Bühne erscheint, kann enormes Momentum entstehen, wie der raketenhafte Aufstieg von Emmanuel Macron zum französischen Präsidenten zeigt. Auch Pablo Iglesias, Gründer der spanischen Partei Podemos, die amerikanische Kongressabgeordnete Alexandria Ocasio-Cortez, die Bürgermeisterin von Barcelona, Ada Colau, vielleicht auch Robert Habeck von den Grünen, sind Beispiele für solche Menschen. Sie geben politischen Ideen ein Gesicht und generieren dadurch Momentum.

Schwung und Wumms und Mut

Für eine neue Partei ist es entscheidend, schon sehr früh Momentum zu gewinnen. Entweder der Start gelingt, und die transformative Partei landet mit Schwung und Wumms im Scheinwerferlicht der Öffentlichkeit – oder es wird sehr mühsam. Wir schätzen, dass eine neue Partei, die in den ersten sechs Monaten kein ernst zu nehmendes Momentum entwickelt, es kaum schaffen kann, sich noch von dem Label »Kleinstpartei« zu befreien. Umso wichtiger, dass die Partei die Stellschrauben, die sie zugunsten ihres Momentums stellen kann, geschickt bedient.

Besonders entscheidend dafür ist die Zusammensetzung des Gründungsteams. Vermitteln die Menschen, die die transformative Partei gründen, über ihre Haltung und ihre Vita, dass es hier um eine ernst zu nehmende Sache geht? Oder sind es Menschen, die zwar das Herz am richtigen Fleck haben, aber keinerlei politisches oder gesellschaftliches Gewicht mitbringen? Ohne dieses Gewicht wird die Partei wahrscheinlich schnell unter »Sonstige« abgeheftet. Wenn das Gründungsteam hingegen aufgrund seiner Lebenswege eine besondere Glaubwürdigkeit, Seriosität und Seniorität mitbringt, kann eine Dynamik entstehen, die neugierig macht.

Natürlich haben genau solche Menschen auch am meisten zu verlieren, wenn sie eine Partei gründen. Nicht ohne Grund gründen erfahrene, bekannte Gesichter nicht einfach mal eine neue Partei. Sie fürchten um ihren Ruf, ihre bisherige Überparteilichkeit oder ihre Karriere. Und diese Sorge ist verständlich. Wissenschaftler:innen oder etablierte Menschen aus Wirtschaft oder Zivilgesellschaft können nicht so einfach zwischen Politik und anderen Sektoren hin und her springen. Noch schwieriger ist es für bereits aktive Politiker:innen, die frustriert von ihrer bisherigen Partei sind. Sie können nicht ihre Partei verlassen, eine neue Partei gründen und dann, falls es nicht klappt, wieder zu ihrer alten Partei zurückkehren und so weitermachen, als sei nichts passiert. Klar, wenn die neue Partei erfolgreich ist, dann spielt das alles keine Rolle mehr. Aber natürlich stellen sich Menschen, die etwas zu verlieren haben, immer auch die Frage: Was, wenn es nicht klappt?

1. Kalkuliertes Risiko

Die Entscheidung, in einer frühen Phase Teil einer Partei zu werden, sollte kein Schnellschuss sein. Im Gegenteil, die Substanz der Ideen, Konzepte und anderen Teammitglieder sollte kritisch hinterfragt werden. Nicht überkritisch – es ist in Ordnung, wenn Dinge noch nicht perfekt sind. Aber es ist das gute Recht jedes Gründungsmitglieds, sehr genau zu überlegen, worauf er:sie sich da einlässt.

Selbst wenn alles ziemlich gut aussieht, bleibt am Ende ein Risiko. Ja, es könnte sein, dass es nicht klappt. Die Wahrscheinlichkeit ist sogar ziemlich hoch, wie bei einem Start-up auch. Aber dann, nach sorgfältiger Überlegung, ist es eben ein *kalkuliertes* Risiko. Man springt mutig und entschlossen ins kalte Wasser, in dem Wissen, zwar nicht perfekt vorbereitet zu sein (das ist unmöglich), aber doch gut genug. Ohne solch ein kalkuliertes Risiko ist noch nie etwas Großes entstanden.

2. Die Erlaubnis zu scheitern

Falls eine Gründung trotz aller Vorbereitungen doch schiefgeht, ist das keine Schande. Im Gegenteil: Wenn der Versuch kein naiver Schnellschuss war, sondern der ernsthafte Versuch, sich den größten Herausforderungen unserer Zeit zu stellen, dann verdient das Respekt und Anerkennung.

Und unserer Erfahrung nach kommt die dann auch. Clemens ist 2017 mit einer Parteigründung gescheitert. Am Wahlabend, nach einem absolut enttäuschenden Ergebnis, schrieb ihm eine Freundin: »Ich hoffe, ihr seid stolz auf euch. Ihr wart mutig und in aller Munde.« Die Stimmen von anderen waren ähnlich. Während Scheitern früher als Makel gesehen wurde, ist es heute mehr und mehr akzeptiert und respektiert. Natürlich wünschen wir niemandem, mit der Gründung einer transformativen Partei zu scheitern. Aber falls es doch passiert, ist das nicht das Ende der Welt.

3. Die Herausforderungen sind wichtiger als die Karriere

Transformative Parteien existieren nicht aus Selbstzweck. Ihr Purpose speist sich aus den größten Herausforderungen unserer Zeit. Lohnt es sich nicht, dafür etwas zu wagen? Es gibt Menschen, die priorisieren ihre Karriere höher als diese Herausforderungen. Und das ist okay, es macht sie nicht zu schlechten Menschen. Andere aber spüren, wenn sie einen Moment innehalten, dass es Dinge gibt, die wichtiger sind als eine sichere Karriere oder ein bequemer Job. Denen wollen wir zurufen: »Seid mutig! Es ist wichtig. Es kommt auf euch an. Wenn ihr es nicht macht, dann macht es niemand! Seid mutig!«

Liebeserklärung

Liebeserklärung an eine Partei, die es (noch) nicht gibt

Wie geht es dir jetzt?

Das wüssten wir gern. Vor allem, weil es uns nach dem Schreiben dieses Buches so gut geht.

Wir haben uns verliebt in diese Partei, die es noch nicht gibt. Und das, obwohl sie bislang nur in unseren Herzen und Köpfen lebt. Als Gefühl und Ahnung, dass unsere Realität nicht so sein muss, wie sie heute ist. Diese Ahnung von dem, was sein könnte, die lässt uns aufleben. Sie fühlt sich lebendig an, kraftvoll. Viel besser als die Beziehung, die wir bislang mit Parteien geführt haben.

Zugegeben: Diese Beziehung ist schon lange eine auf Abstand. Je mehr Jahre wir mit den klassischen Parteien verbracht haben, desto klarer haben wir gemerkt: Uns fehlt etwas. Wir fühlen uns zunehmend gefangen in einer negativen Beziehungsdynamik. Sie zieht uns runter, statt dass uns die Beziehung besser macht, als wir alleine sein können. Sie macht uns resignativ statt hoffnungsvoll, defensiv statt offen, oft wütend statt fröhlich. Wir ziehen uns immer weiter zurück. Aufwand und Ertrag, um diese Beziehung zu verbessern, stehen in keinem Verhältnis. Nicht alles war und ist schlecht. Aber das ändert nichts daran, dass wir zu dem Schluss gekommen sind: Dieser Beziehung fehlt die Zukunft.

Und jetzt haben wir uns neu verliebt. Wie bei allen Verliebten, lebt das Feuer unserer Liebe gar nicht so sehr von dem, wie unser Gegenüber tatsächlich ist. Noch gibt es die transformative Partei ja nicht. Umso wichtiger sind unsere Hoffnungen, Projektionen und Ahnungen, wie ein anderes Verhältnis aussehen könnte.

Das heißt nicht, dass dem Feuer Substanz fehlt, ganz im Gegenteil. Die Liebe zu der transformativen Partei hat uns zum vielleicht wichtigsten Quell gebracht, den Menschen anzapfen können: zum Glauben daran, dass die Welt eine andere sein kann. Dass die Realität, in der wir leben, nicht festgeschrieben ist. Und zu der Überzeugung, dass es in unserem Einflussbereich liegt, diese Realität zu verändern – wenn wir entscheiden, es zu tun.

Vom Gefühl zur Vision, von der Vision zur konkreten Idee

Wir glauben fest daran: Verliebtsein ist immer die Sache wert. Weil wir so Saiten in uns erkennen, die heute zu wenig zum Klingen gebracht werden. Weil wir ins Träumen kommen und so Bilder sehen, wie das Leben noch sein könnte. Deshalb haben wir uns unserer Liebe für die transformative Partei hingegeben. Im Wissen, dass die tatsächliche Beziehung dann an vielen Stellen ganz anders werden wird als die, die wir uns heute ausmalen.

Wir wissen, dass manche unseren Zustand als haltlose Schwärmerei abtun werden. Dass Träumen kein hohes Ansehen genießt. Aber das ist ein Fehler, fast schon eine Krankheit unserer Zeit. Nicht ohne Grund sind wir als Gesellschaft wie gefangen im Status quo. Uns fehlt die Vorstellung davon, wie es anders gehen könnte. Weil wir jede Träumerei, jede mutige Idee abtun, als sei sie nicht mehr als eine folgenlose Spinnerei.

Dabei ist grundsätzliche Veränderung ohne Schwärmen, ohne Träumen, ohne die feinen Ahnungen einer anderen Zukunft gar nicht vorstellbar. Nur wer sich fundamental in Alternativen zur bestehenden Realität verliebt, bringt die Kraft auf, diese Realität zu verändern. Nur wer dem Gefühl nachfolgt, das die Spur in eine andere Zukunft legt, hat die Kraft, die Grenzen des Bestehenden zu überwinden.

Tatsächlich stehen Glaube und Gefühl am Beginn jedes Wandels. Sie mögen diffus sein, irrational wirken, bei erstem Hinsehen vielleicht etwas verrückt. Aber ohne sie würden wir uns niemals hinsetzen und genauer darüber nachdenken, welche Schritte wir gehen müssen, um aus Glaube Realität und aus Ahnung Wissen werden zu lassen.

Ohne den Glauben, dass es anders geht, gäbe es dieses Buch nicht. Ohne unsere Liebe zu dem, was noch nicht ist, hätten wir beide uns niemals hingesetzt und wochenlang ein Betriebssystem für die transformative Partei entworfen. Wir hätten uns nicht abends, an Wochenenden, in unserer Urlaubszeit vor das blaue Licht unserer Laptops gesetzt, um so viele Seiten mit konkreten Ideen zu beschreiben. Aus unserem Gefühl wurde eine Vision, aus der Vision wurden konkrete Bilder. Alles nur, weil wir uns erlaubt haben, verliebt sein zu dürfen in die Ahnung einer anderen politischen Wirklichkeit.

Damit ist dieses Buch für uns ein Fraktal dessen, was unsere Gesellschaft insgesamt braucht: den Glauben daran, dass die Realität, die wir heute als normal akzeptieren, veränderbar ist. Dass wir nicht dazu verdammt sind, den bisherigen Weg weiterzugehen. Den Mut, neue Ideen für Politik, Wirtschaft, Gesellschaft zu entwerfen und für sie zu werben. Im Wissen, dass diese Ideen der Same sind, aus dem am Schluss grundsätzliche Veränderungen erwachsen.

Wir müssen uns trauen, uns in die Idee einer anderen Zukunft zu verlieben. Dem inneren Ziehen nachgeben, das uns ahnen lässt: Wir können anders sein, wenn wir wollen. Wenn wir dieses emotionale Fundament legen, bereiten wir den Boden für Visionen möglicher anderer Zukünfte. Und nur wenn wir diese Visionen zum Blühen bringen, versetzen wir uns in die Lage, transformative Schritte zu gehen, die unsere Realität zum substanziell Besseren verändern.

Von der Idee zur Veränderung

Gleichzeitig ist klar: Das Gefühl des Verliebtseins ist flüchtig. Liebe, die sich nicht manifestiert, verfliegt irgendwann. Umso wichtiger, dass es nicht bei der Schwärmerei bleibt. Es braucht die Umsetzung, das echte Erleben: Wie ist die Beziehung im richtigen Leben? Hat sie so viel Substanz, so viel Feuer, wie unser Gefühl uns jetzt glauben lässt?

Auf die transformative Partei gemünzt: Dieses Buch übersetzt sie vom Gefühl in eine konkrete Vision. Aber damit ist sie erst einmal nur eine kraftvolle Idee. Die Frage ist: Wer ist bereit, in eine ernsthafte Beziehung mit der Purpose-Partei zu treten? Aus der Idee Wirklichkeit werden zu lassen und somit aus der Flamme des Verliebtseins ein Feuerwerk der Transformation?

Klar ist auch: Damit die Beziehung mit der transformativen Partei eine Chance auf Leben und Überleben hat, muss es eine polyamouröse Beziehung werden. Die Purpose-Partei braucht viele Verliebte, viele Partner:innen, die bereit sind, aus der Affäre mit einer Idee ein tragfähiges Verhältnis werden zu lassen. Am Schluss muss diese Beziehung Tausende von Engagierten und Millionen von Wähler:innen umfassen, um unsere Welt wirklich zu bewegen.

Es braucht aber nicht einfach nur viele Menschen. Damit die Purpose-Partei zu einer gesellschaftsverändernden Kraft werden kann, braucht sie vor allem in den ersten Monaten und Jahren Gründer:innen, die bereit sind, viel zu investieren: Liebe, Energie, Zeit. Sie müssen den Mut haben, persönlich etwas zu riskieren. Sie werden für ihr Engagement Kritik und vielleicht sogar Angriffe aushalten müssen, von Politikverächter:innen bis hin zu gekränkten Vertreter:innen klassischer Parteien. Und sie müssen bereit sein, enttäuscht zu werden. Weil sich erst im Laufe der ersten ein bis zwei Jahre herausstellen wird, ob das Verhältnis mit der transformativen

Partei die Substanz hat, von einer heißen Affäre zur reifen Beziehung zu werden.

Die Herausforderung ist dabei nicht, die Ideen dieses Buches eins zu eins umzusetzen. Es geht vielmehr darum, ein Betriebssystem mit Leben zu füllen, das zu dem Purpose, den Menschen und dem Umfeld der neuen Partei passt. Das zu schaffen ist eine echte Pionierleistung. Weil es den Mut braucht, viele Dinge zum ersten Mal zu tun und Lösungen zu suchen, die wirklich zu dem passen, was die Partei ist und sein will. Unser Buch kann dabei Kompass und Inspiration sein. Aber, und das ist wichtig, es ist eben keine Gebrauchsanweisung.

Dieses Buch ist also nur ein Anfang. Und wir sind brennend darauf gespannt, wer diese Geschichte wie weitererzählt. Wir hoffen, dass es viele Erzählungen geben wird, mehrere Parteigründungen also. Weil unsere Parteienlandschaft dringend mehr transformative Angebote braucht. Und weil sich mit jeder Neugründung die Chance erhöht, dass eine dieser neuen Parteien den richtigen Moment, die richtigen Köpfe, das richtige Programm und das passende Betriebssystem findet. Und, mindestens ebenso wichtig, weil wir so viel ungehobenes politisches Potenzial in unserer Gesellschaft sehen – jetzt geht es darum, dieses Potenzial zu heben und im Sinne des großen Ganzen in transformative Politik umzusetzen.

Dieses Buch endet also bei dir. Was ist dein Beitrag, damit wir als Gesellschaft die Herausforderungen anpacken, denen wir uns gegenübersehen? Was kannst du tun, damit wir Stillstand und Inkrementalismus ablösen mit transformativer Politik? Was wirst du tun, damit eine Purpose-Politik möglich wird?

Wir sind verliebt. Bist du es auch?

Quellen

Warum wir neue Parteien brauchen

- Zitat Robert Kegan aus Robert Kegan/Lisa Lahey: *Immunity to Change. How to Overcome It and Unlock the Potential in Yourself and Your Organization*, 2009, S. 12 (eigene Übersetzung)
- Zitat Ronald Heifetz aus Ronald A. Heifetz/Donald Laurie: *Adaptive Strategy*, Executive Excellence, Provo 1998: https://bit.ly/36aiZ4j (eigene Übersetzung)
- Die Passagen zum Spiel sind teils direkte Übersetzungen einer Passage in Hannos Buch: *Unlearn. A Compass for Radical Transformation*, 2020

Leidenschaft und Purpose: Warum Parteien einen Nordstern brauchen

- Das Argument von Bernd Ulrich stammt aus Bernd Ulrich: *Alles wird anders: Das Zeitalter der Ökologie*, 2019

Ideologie und strategische Verortung: Die Landkarte des 21. Jahrhunderts

- Der Vorschlag, dass in demokratischen Unternehmen die Mitarbeiter:innen darüber abstimmen, wie Budgets für Löhne, Boni, Investitionen und Entwicklung verteilt werden, stammt aus Yanis Varoufakis: *Another Now: Dispatches from an Alternative Present*, 2020

Ein Ort, der guttut: Hebel für die transformative Parteikultur

- Teile der Passagen am Kapitelbeginn sind einem Policy-Brief von Regina Michalik und Hanno zum Thema Parteikultur entnommen: *Parteikultur. Ideen für Parteireform abseits von Satzungs- und Gesetzesänderungen*, 2015: https://bit.ly/30320po
- Der *Circle of Influence* ist angelehnt an: Stephen Covey: *7 Habits of Highly Effective People. Powerful Lessons in Personal Change*, 1989

Die Kraft der Vielen

- Zitat zur Multitude aus Cicero: *De re publica / Vom Gemeinwesen*